Jürgen Maria Waffenschmidt

Der ultimative interaktive Reiseführer
zu den schönsten Plätzen von

Island

einzigArtig – neuArtig

Herausgegeben im Eigenverlag

Bibliografische Information der Deutschen Nationalbibliothek

Die Deutsche Bibliothek verzeichnet diese Publikation in der Deutschen Nationalbibliografie; detaillierte bibliografische Daten sind im Internet über http://dnb.ddb.de abrufbar.

© 2017 Jürgen Maria Waffenschmidt
jmw@neuartig.eu

Die Natur auf Island verändert sich täglich! Seien Sie achtsam, Sie reisen auf eigene Gefahr!

In jedem Buch steckt ein Fehler! Wenn Sie ihn gefunden haben, teilen Sie ihn mir bitte mit. Niemand ist perfekt!

Idee / Konzept / Umsetzung: Jürgen Maria Waffenschmidt, 87534 Oberstaufen, Alpe Eibele 0
Fotos und Videos: Jürgen Maria Waffenschmidt
Herausgegeben im Eigenverlag
Layout, Satz, Umschlaggestaltung: Composizione Katrin Rampp, Kempten
Bildnachweis Islandkarten (Touren 1–7): Satellitenbild als Poster erhältlich bei albedo39 Satellitenbildwerkstatt e.K.
Druck und Verarbeitung: Kösel GmbH & Co. KG, Altusried
Printed in Germany, 1. Auflage 2017
ISBN: 978-3-947331-00-0

Inhalt

Vorwort 7

Island einzigArtig – neuArtig 8

Bildband mit GPS-Koordinaten 10

Wie reise ich auf Island? 153

Island und die Natur, die nichts verzeiht 158

Das isländische Wetter – und wann Sie was am besten fotografieren 160

Fotografisches Grundwissen für Island 162

Tipps zur Ausrüstung 163

Tour 1: Süden/Südwest – der »Golden Circle« um Reykjavík und viel, viel mehr 167

Tour 2: Westen – Snæfellsnes 187

Tour 3: Westfjorde 193

Tour 4: Nordwest 201

Tour 5: Norden 207

Tour 6: Osten 213

Tour 7: Mývatn – Hochland 219

Tiere – Island ist mehr als eine Vogelinsel 226

Veranstaltungen 228

Kreative Fotografie 230

Schlusswort 234

Produktion – Bilderwerb – Multivisonsshow 238

Vorwort

Nimm Dir Zeit für Island

Island ist ein Inseltraum und eine Trauminsel zugleich! Auf vielen Reisen habe ich (fast) jeden Winkel der Insel erkundet und dort Motive gefunden, die nicht nur Fotografenherzen höher schlagen lassen. Als Fotograf, dessen Beruf seine Passion ist, ist mir Island ans Herz gewachsen. **»Nimm Dir Zeit für Island«** ist meine Botschaft. Deshalb habe ich das Multimediabuch so strukturiert, dass Sie schnell die richtigen Ziele finden und die Vielseitigkeit dieser einzigartigen Insel erleben können. Der fundierte Leitfaden mit Bildern aus allen Perspektiven zeigt, wie Sie am effektivsten reisen und somit mehr Zeit gewinnen für die atemberaubende Natur Islands.

Der erste Teil des Buches ist ein Bildband mit meinen einzigArtigen Bildern, die Ihnen zur ersten Orientierung dienen. Im zweiten Teil des Buches zeige ich Ihnen über 280 Plätze mit detaillierten GPS-Daten. Über QR-Codes erhalten Sie Zugang zu exklusiven, einzigArtigen Videos zu jeder Region und vielen Themen. Ebenso gibt es Videos, in denen alle im Buch beschriebenen Plätze auch mit eindrucksvollen Bildern und Hinweisen zu sehen sind. Ein Buch für »alle« Sinne!

Ich war 18 Monate als Fotograf auf Island unterwegs und bin unzählige Kilometer gefahren, um zu erfahren, was man wann und wo am besten fotografieren und erleben kann.

Mein Name ist Jürgen Maria Waffenschmidt – leidenschaftlicher Fotograf, Videograf, Autor und Abenteurer.

Gerne bringe ich Ihnen Island und die Fotografie etwas näher. Das kleine, aber wichtige »1 x 1 der Fotografie« bietet Ihnen technische Hilfestellung und unterstützt Sie, Ihre eigenen, ganz individuellen Bildwerke zu schaffen.

Ich wünsche Ihnen viel Freude und Erfolg mit meiner »Fotobibel« – vom Fotograf für Fotografen, Naturfreunde und alle Islandreisenden.

Ihr Jürgen Maria Waffenschmidt

Island einzigArtig – neuArtig

Trailer

Südwest

Westen

Westfjorde

Norden

Osten

Mývatn

Hochland

Winterimpressionen

Making-of

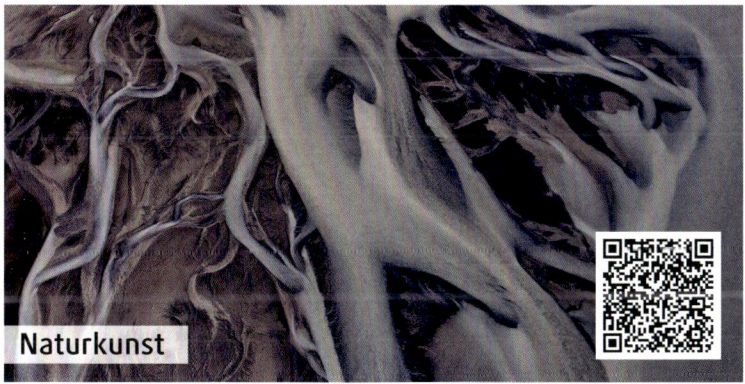

Naturkunst

Am Wegesrand

Reykjavík – Südwest

GPS: 64°08'30.0"N 21°55'29.6"W (>>> Seite 183)

Reynisdrangar – Südküste

GPS: 63°24'15.8"N 19°02'40.3"W (>>> Seite 176)

Stokksnes – Ostküste

GPS: 64°14'43.4"N 14°58'18.8"W (>>> Seite 213)

Stokksnes – Ostküste

Luftbild

GPS: 64°14'38.9"N 14°58'16.8"W (>>> Seite 214)

Skaftafell – Südosten

Luftbild

GPS: 64°01'30.4"N 16°56'17.1"W (>>> Seite 216)

Hverfjall – Mývatn

Luftbild

GPS: 65°36'45.6"N 16°52'31.5"W (>>> Seite 220)

Þórsmörk – Hochland

GPS: 63°41'14.5"N 19°36'10.6"W (>>> Seite 180)

Blaue Lagune – Südwest

GPS: 63°53'00.3"N 22°26'48.3"W (>>> Seite 183)

Haukadalur – Süden

Luftbild

GPS: 64°19'47.3"N 20°16'30.1"W (>>> Seite 168)

Kerlingarfjöll – Hochland

GPS: 64°39'01.9"N 19°16'26.8"W (>>> Seite 168)

Kerlingarfjöll – Hochland

Luftbild

GPS: 64°39'29.9"N 19°16'46.5"W (>>> Seite 169)

Þingvellir – Süden

Luftbild

Selhöfðar – Südwest

GPS: 64°06'53.8"N 19°55'34.3"W (>>> Seite 172)

Veiðivötn – Hochland

GPS: 64°11'18.4"N 18°40'43.3"W (>>> Seite 173)

Tungnaá – Hochland

Luftbild

GPS: 64°06'04.9"N 18°45'36.0"W (>>> Seite 173)

Landmannalaugar – Hochland

GPS: 63°59'06.6"N 18°58'37.5"W (>>> Seite 174)

Landmannalaugar – Hochland

Luftbild

GPS: 63°59'58.6"N 19°02'10.8"W (>>> Seite 174)

Landmannalaugar – Hochland

GPS: 64°00'45.0"N 19°02'31.6"W (>>> Seite 174)

Landmannalaugar/Ljótipollur – Hochland

GPS: 64°02'16.3"N 19°00'15.8"W (>>> Seite 174)

Vatnajökull-Nationalpark – Hochland

GPS: 64°05'04.6"N 18°25'10.8"W (>>> Seite 175)

Hellnafjall – Hochland

GPS: 64°04'11.9"N 18°29'48.5"W (>>> Seite 175)

F 210 – Hochland

Luftbild

GPS: 63°49'33.1"N 18°48'18.9"W (>>> Seite 175)

Þakgil – Süden

GPS: 63°31'28.0"N 18°51'10.2"W (>>> Seite 176)

Þórsmörk – Hochland

Luftbild

GPS: 63°41'17.2"N 19°36'22.9"W (>>> Seite 180)

Þórsmörk – Hochland

GPS: 63°41'40.7"N 19°32'13.0"W (>>> Seite 180)

Big Picture – Markarfljót – Südküste

GPS: 63°31'49.3"N 20°04'00.8"W (>>> Seite 181)

Urðaviti – Vestmannaeyjar

GPS: 63°26'09.7"N 20°13'43.2"W (>>> Seite 182)

Schafe im Süden

GPS: 63°42'04.8"N 20°12'48.1"W

Gerðuberg Cliffs – Snæfellsnes

Luftbild

GPS: 64°51'44.4"N 22°21'17.2"W (>>> Seite 188)

Südküste von Snæfellsnes

GPS: 64°50'02.0"N 22°49'18.9"W (>>> Seite 188)

Rauðfeldsgjá – Snæfellsnes

Luftbild

GPS: 64°47'53.3"N 23°38'16.3"W (>>> Seite 188)

Lóndrangar – Snæfellsnes

GPS: 64°43'49.7"N 23°48'13.2"W (>>> Seite 189)

Ingjaldshólskirkja – Snæfellsnes

GPS: 64°54'47.0"N 23°51'42.8"W (>>> Seite 190)

Kirkjufell – Snæfellsnes

GPS: 64°55'15.4"N 23°17'02.8"W (>>> Seite 191)

Rauðisandur – Westfjorde

Luftbild

GPS: 65°27'10.9"N 23°56'47.5"W (>>> Seite 193)

Dýrafjörður – Westfjorde

Luftbild

GPS: 65°54'16.4"N 23°30'12.1"W (>>> Seite 195)

Árnes – Westfjorde

GPS: 66°00'45.8"N 21°24'23.4"W (>>> Seite 198)

Ingólfsfjörður – Westfjorde

GPS: 66°01'33.7"N 21°36'34.9"W (>>> Seite 198)

Hamarsrétt – Nordwest

GPS: 65°31'36.0"N 20°57'55.8"W (>>> Seite 201)

Borgarvirki – Nordwest

Luftbild

Isländer

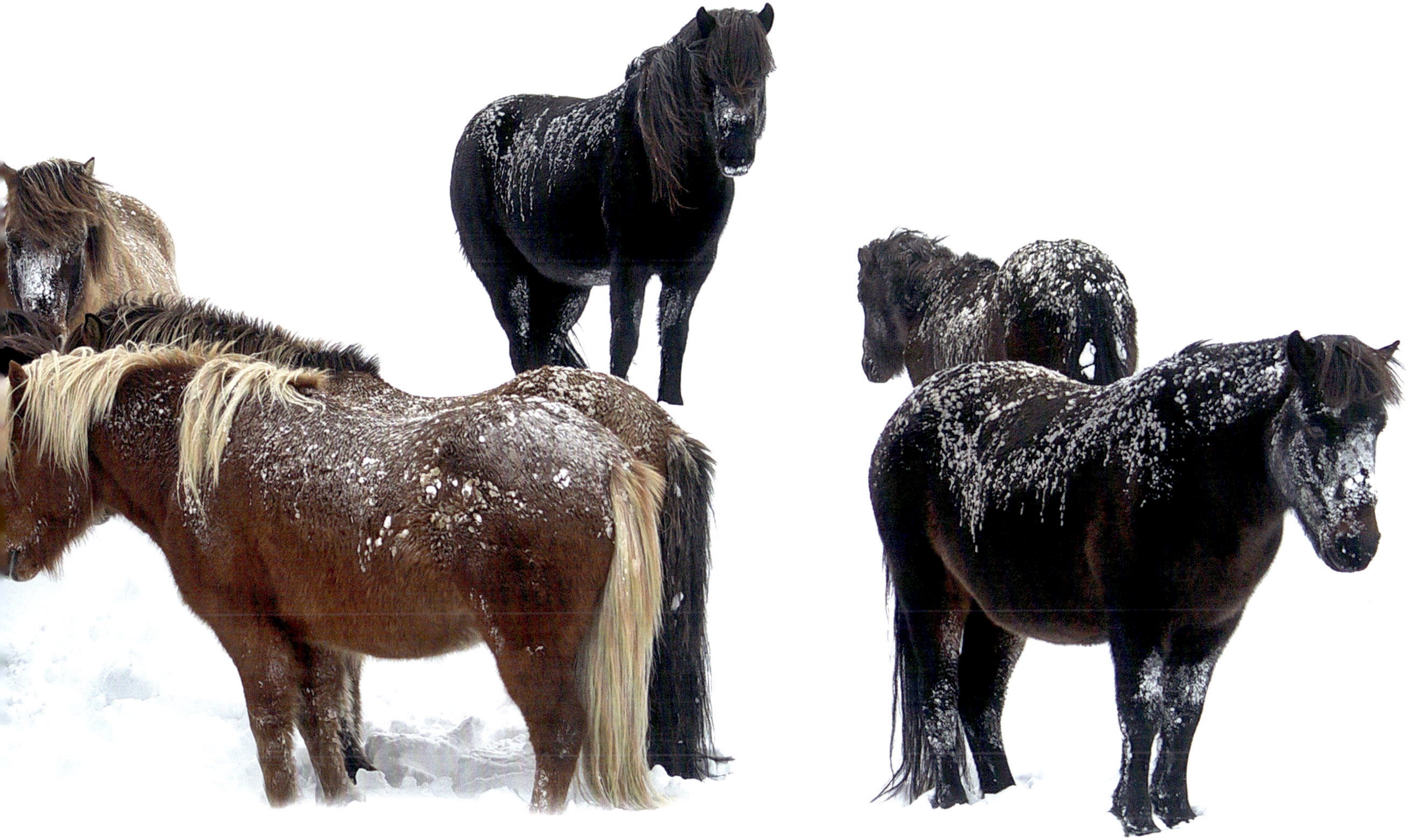

GPS: 66°05'44.4"N 17°18'02.6"W (>>> Seite 207)

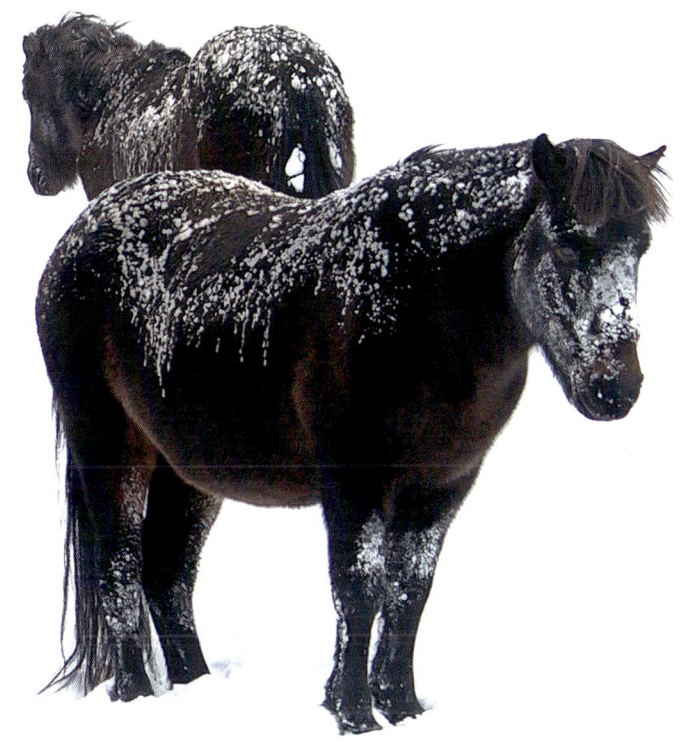

Jökulsá – Norden

GPS: 66°12'48.8"N 16°27'50.6"W (>>> Seite 208)

Kópasker – Norden

GPS: 66°18'00.7"N 16°26'15.6"W (>>> Seite 208)

Tófuhorn – Ostküste

Luftbild

GPS: 64°24'34.9"N 14°32'17.8"W (>>> Seite 213)

Papós – Ostküste

Luftbild

GPS: 64°19'39.7"N 14°55'16.4"W (>>> Seite 213)

Fláajökull – Osten

Luftbild

GPS: 64°19'30.8"N 15°33'45.4"W (>>> Seite 214)

F 985 – Osten

GPS: 64°14'03.7"N 15°46'57.8"W (>>> Seite 214)

Jökulsárlón – Südostküste

GPS: 64°02'45.4"N 16°14'24.6"W (>>> Seite 214)

Kvíamýrarkambur – Südostküste

Luftbild

GPS: 63°56'21.5"N 16°26'22.0"W (>>> Seite 216)

Svínafellsjökull – Südost

GPS: 64°00'16.6"N 16°52'57.1"W (>>> Seite 216)

Skeiðarársandur – Südostküste

GPS: 63°56'31.1"N 17°22'07.6"W (>>> Seite 216)

Fjaðrárgljúfur – Süden

GPS: 63°46'16.1"N 18°10'17.1"W (>>> Seite 216)

Laki – Hochland

GPS: 64°02'29.6"N 18°18'35.5"W (>>> Seite 216)

Eldhraun – Süden

GPS: 63°52'22.8"N 17°47'00.6"W (>>> Seite 217)

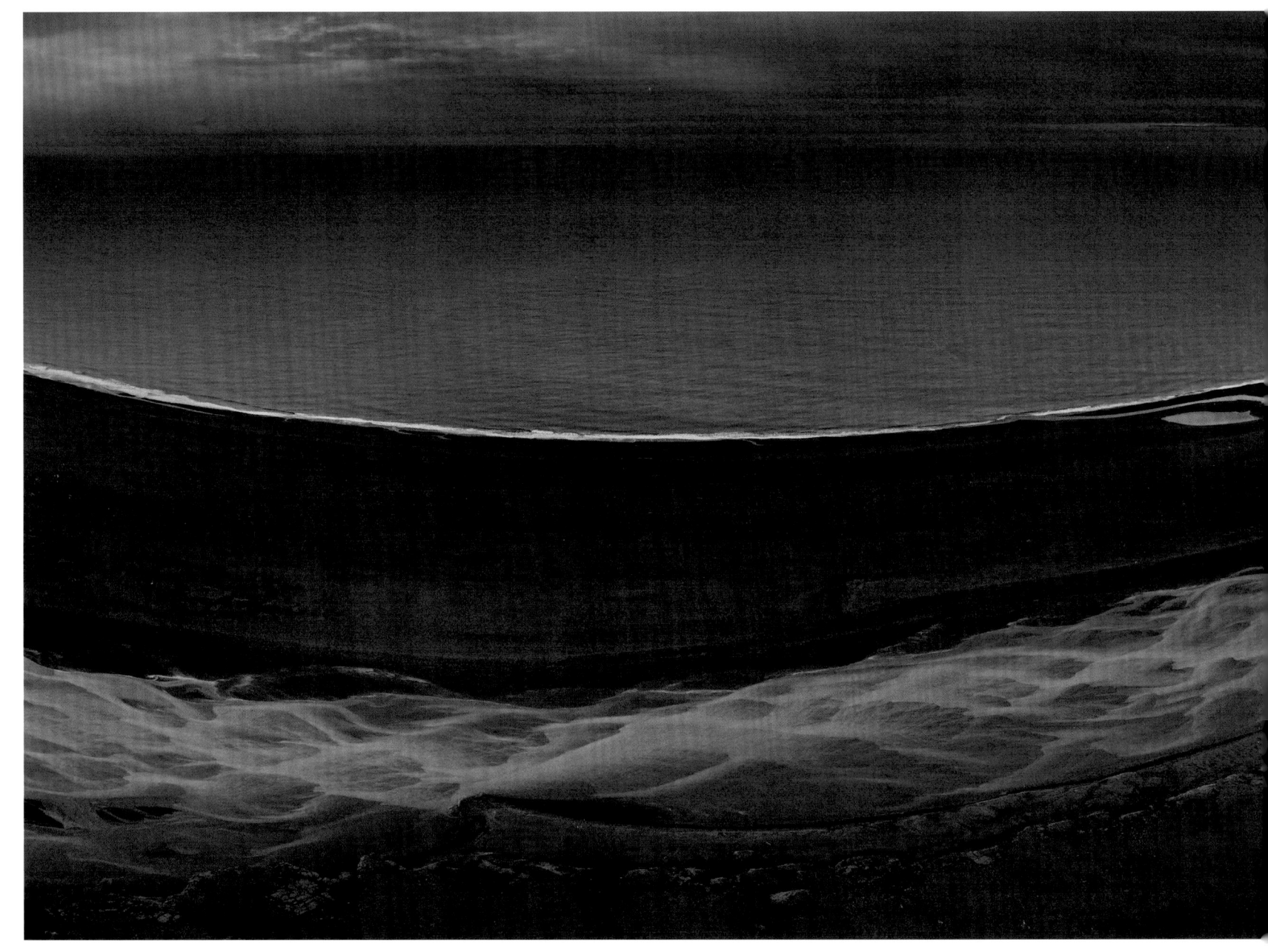

Alviðruhamarsviti – Südküste

Luftbild

GPS: 63°27'20.1"N 18°18'32.6"W (>>> Seite 217)

Wolkenformation nach einem Sturm

GPS: 63°32'35.6"N 18°26'23.1"W

Goðafoss – Norden

Luftbild

GPS: 65°41'03.4"N 17°32'54.2"W (>>> Seite 219)

Goðafoss – Norden

GPS: 65°40'58.3"N 17°32'54.8"W (>>> Seite 219)

Aldeyjarfoss – Hochland

Luftbild

GPS: 65°21'58.0"N 17°20'25.5"W (>>> Seite 219)

Skjálfandafljót – Norden

GPS: 65°23'07.1"N 17°22'34.4"W (>>> Seite 219)

Hverfjall – Mývatn

Luftbild

GPS: 65°35'33.8"N 16°51'44.2"W (>>> Seite 220)

Reykjahlíð – Mývatn

Ásbyrgi – Norden

GPS: 65°59'50.1"N 16°30'44.4"W (>>> Seite 222)

Hljóðaklettar – Norden

GPS: 65°56'03.5"N 16°32'21.4"W (>>> Seite 223)

Vígabjarg – Norden

GPS: 65°53'10.3"N 16°26'44.1"W (>>> Seite 223)

Askja – Hochland

GPS: 65°02'52.6"N 16°43'08.3"W (>>> Seite 223)

Bárðarbunga – Hochland

Luftbild

GPS: 64°56'12.1"N 16°33'50.9"W (>>> Seite 224)

Möðrudalur – Hochland

Luftbild

GPS: 65°17'48.6"N 15°28'53.0"W (>>> Seite 224)

Hallarfjall – Hochland

GPS: 65°00'52.3"N 15°42'16.4"W (>>> Seite 225)

Eiríksstaðir – Hochland

Luftbild

GPS: 65°07'27.5"N 15°25'52.0"W (>>> Seite 225)

Kreative Fotografie

(>>> Seite 230)

GRÖNLANDSEE

Westfjorde

Hornstrandir

Grimsey

Raufarhöfn

Dranga-
jökull

Ísafjörður

Siglufjörður

Húsavík

Gláma

Sauðárkrókur

Akureyri

Krafla

Mývatn

Borgar-
fjörður

Breiðafjörður

Herðubreið

Egilsstaðir

Stykkishólmur

Askja

Ódáðahraun

Snæfellsnes

Holuhraun

Hofs-
jökull

Sprengisandur

Ostfjorde

Borgarnes

Kjölur

Langjökull

Vatnajökull

Faxaflói

Kaldidalur

Akranes

Þingvellir

Geysir

REYKJAVÍK

Þingvalla-
vatn

Höfn

Keflavík

Reykjanes

Hekla

Landmanna-
laugar

Lakagígar

Skaftafell
N.P.

Jökulsárlón

Selfoss

Þórsmörk

Mýrdals-
jökull

ATLANTISCHER
OZEAN

Vestmannaeyjar

ATLANTISCHER
OZEAN

Vik

50 km

Wie reise ich auf Island?

Mit geführten Touren sind Sie auf der sicheren Seite, aber natürlich entgeht Ihnen auch eine Menge. Wer die Möglichkeit hat unabhängig zu reisen, sollte dies tun. Islands Reiz besteht aus wundervollen Naturschönheiten, die in hunderttausenden Jahren gebildet wurden. Jeder Reisende sollte die Natur respektieren und akzeptieren. Informieren Sie sich stets über die Wetterverhältnisse, sonst kann es passieren, dass Sie nur im Regen unterwegs sind.

Tipp: Die Wetterseiten www.vedur.is oder www.yr.no bieten beide gut eine Woche im Überblick.

Wind

Beachten Sie die Warnungen der örtlichen Behörden und von Einheimischen. Die Windangabe »22« bedeutet 22 Meter pro Sekunde, was unserer Windstärke 9 entspricht. Die Windangabe »40« stünde bei uns für die Windstärke 12.
Vorsicht, von einem Orkan spricht man in unseren Landen ab einer Windgeschwindigkeit von mehr als 33 Metern pro Sekunde. Eine 40er-Fallböe könnte auch einen Lkw von der Straße fegen.

Tipp: Stellen Sie Ihr Fahrzeug möglichst mit der Front in den Wind, sonst kann Ihnen die Tür geradezu aus den Angeln gerissen werden.

Achtung: Bei Sturm können auch scharfkantige Lavasteine fliegen und die Scheiben zerstören.

Auf Island ist ein gepanzertes Fahrzeug im Einsatz, um »verantwortungslose«, leichtsinnige Touristen zu retten. Besonders gefährlich diesbezüglich sind die Gletscherausläufer an den Küstenstraßen, speziell der Skeiðarársandur bei Skaftafell.

Wasser

Fahren Sie nicht mit einem normalen allradgetriebenen Pkw ins Hochland. Jährlich bleiben hunderte Autos im Wasser stecken, weil Touristen die Naturgewalten unterschätzen. Im Laufe des Buches erhalten Sie Hinweise, welche Strecken befahrbar sein sollten und welche nicht.

Es gibt Flussfurten, bei denen das Wasser bis zur Windschutzscheibe stehen kann. Wohl dem, der ein Fahrzeug lenkt, dessen Luftansaugrohr bis zum Dach geführt ist. Die Natur verändert die Wege ständig, aus beschaulichen Bächlein können reißende Sturzfluten werden, »sanft gleitende« Ufer erhalten über Nacht scharfe Bruchkanten, sodass kein Pkw mehr aus dem Flussbett kommt.

Außerdem gibt es Flussläufe mit sandigem Flussbett, die ohne »Super Jeep« und Ortskenntnisse kaum passierbar sind, weil das Fahrzeug ohne Grip regelrecht wegschwimmt.

Tipp: Wenn Sie an einem Wasserlauf stehen und sich nicht sicher sind ..., warten Sie, bis jemand durchfährt, um zu sehen, wie tief das Wasser ist und wo die Querung möglich ist.

Tipp: Fahren Sie nicht mal eben rechts ran – scharfe Lavasteine könnten Ihnen die Reifenflanken aufschlitzen.

Allrad

Mit einem leistungsstarken 4x4 Offroader – kein »Mini«-Jeep – sollten Sie auf der sicheren Seite sein. Buchen Sie gegebenenfalls einen isländischen »Super Jeep« bzw. Offroad-Bus.

Auf der Straßenkarte www.road.is ist ersichtlich, welche Straßenabschnitte gesperrt sind, verbunden mit Warnhinweisen und dem Straßenzustand. Fahren Sie nur auf ausgewiesenen Straßen und Wegen.

Keine Offroad-Ausflüge quer durch die Natur!

Als Papierkarte empfehle ich von www.mapoficeland.com den »Road Atlas« (Veggaatlas) im Maßstab 1:200 000 – darin ist wirklich jede Wasserfahrt erkennbar.

Außerdem sehr informativ ist die Webseite: www.icelandreview.com auch in Deutsch.

Winter

Die Fähre fährt entgegen aller Vermutungen das ganze Jahr. Bei Sturm kann sie natürlich schon mal ausfallen.

Im Winter kann und sollte man nur auf geräumten Straßen fahren. Vorsicht, selbst ein »Parkplatz« kann zum Verhängnis werden. Fahren Sie niemals neben der »Piste« und benutzen Sie keinesfalls Wege, die nicht geräumt wurden – Sie fahren sich mit 99-prozentiger Wahrscheinlichkeit fest. Wollen Sie ein nicht geräumtes Ziel erreichen, fahren Sie bereits vorhandenen Spuren nach oder warten Sie, bis einer vor Ihnen fährt. Wer im Winter abseits der Bundesstraße 1 fahren möchte, sollte einen »Super Jeep« buchen.

Alle Leihwagen sollten im Winter mit Spikes ausgerüstet sein – überprüfen Sie das bei der Wagenübernahme. Wer den eigenen Wagen mitbringt, sollten dessen Reifen natürlich auch mit Spikes ausrüsten. Auf der Rückreise muss man die Spikes wieder herausziehen, da diese bei uns verboten sind. Viele Straßen sind häufig

spiegelglatt und ohne Spikes unbefahrbar. Schneeketten sollte man auch dabei haben – und wissen, wie man sie montiert. Schon leichte Schneeverwehungen können einen normalen Pkw zum Stehen bringen.

Tipp: Zu Ihrer eigenen Sicherheit sollten auch Sie selbst im Winter gute Schuhspikes tragen.

Eine Seilwinde am Fahrzeug wird Ihnen nicht viel nutzen, da es auf Island selten »standfeste« Bäume gibt. Es sei denn, Sie fahren mit zwei Fahrzeugen – dann haben Sie einen Anker.

Kommen Sie nie vom Weg ab – selbst ein halber Meter wurde mir schon mal zum Verhängnis – in einem »Wohngebiet« …

Alle sogenannten F-Straßen **sollten grundsätzlich nur mit einem »echten« Allradfahrzeug befahren werden** und Wasserfahrten nur mit einem echten Offroader. Im Hochland fahren Sie durch große Lavasandfelder.

F-Straßen

Tipp: An den F-Straßen solle man etwas Luft aus den Reifen lassen. Das erhöht den Komfort und verringert die Gefahr von Reifenpannen. Auf den sogenannten Waschbrettstraßen erzielen Sie bei einer Geschwindigkeit von 60 bis 80 km/h ein erholsameres Fahren. Aber Vorsicht, bei höheren Geschwindigkeiten kann der Wagen anfangen zu »schwimmen«. Achten Sie ebenso auf plötzlich auftauchende Schlaglöcher.

Auch wenn Island ein Naturparadies ist, darf man nur an speziell ausgewiesenen Stellen campen. Wildes Campen in den Nationalparks ist bei Strafe strengstens verboten!

Bitte bleiben Sie nur auf ausgewiesenen Wegen!
Notrufnummer: 112
Straßenaufsicht: 1777

Island und die Natur, die nichts verzeiht

Island kann gefährlich, im Extremfall tödlich sein! Deshalb ist Achtsamkeit erstes Gebot – zu Ihrem eigenen Schutz.
Angesichts der vielen Naturschönheiten sind oberflächliche »Sandalen-Touristen«, die Natur nur »konsumieren«, zur regelrechten Plage für verantwortungsvolle Isländer geworden. Immer häufiger wird deshalb mit Schildern und Warnhinweisen auf lokale Gefahrenstellen hingewiesen, die unbedingt beachtet werden sollten – rund um die Uhr!

Isländer stellen Warnschilder nicht grundlos auf. Sie sollten diese unbedingt beachten, wenn Sie nicht erst aus Schaden klug werden wollen.

Küste

So anziehend die Küste sein mag, unterschätzen Sie nicht die Wucht und Unberechenbarkeit von Wind und Wellen, die Sie unbarmherzig raus aufs Meer spülen können. Und denken Sie daran, jede siebte Welle ist die große …, da ist was dran! Halten Sie sicheren Abstand – die Brandung kann Sie sogar in größerer Höhe erfassen, siehe Foto unten (>>> Seite 178).

Vorsicht auch bei grasigen Küstenstreifen, die wasserseitig unterspült sind und bei Belastung leicht abbrechen können.
Vorsicht ebenso im Winter an Wasserfällen. Respektieren Sie gesperrte Wege, auch wenn Sie Schuhspikes tragen.

Achtung: Vereiste Schneeverwehungen können abbrechen und man stürzt in die Tiefe.

Lavasteine können sehr scharf sein, tragen Sie unbedingt geeignetes Schuhwerk. Bleiben Sie immer auf den Wegen und trampeln Sie nicht durch die Natur, besonders nicht über Moose, diese wachsen extrem langsam!

Tipp für Selbstfahrer: Bitte bleiben Sie nicht bei jedem Motiv einfach am Straßenrand stehen. Die Isländer finden es gar nicht mehr lustig, wenn ständig Autos teilweise halb auf der Straße oder mit offener Tür stehen, weil Sie ein Pferd fotografieren wollen – es gibt ca. 80 000 Pferde auf Island. Je mehr es Richtung Norden geht, desto schöner werden sie. Es gibt immer Möglichkeiten, an einer Ausbuchtung stehen zu bleiben. Wenn Sie mal ein Gatter öffnen, um den Pferden näher zu kommen, schließen Sie es bitte wieder sofort hinter sich!

Das isländische Wetter –
und wann Sie was am besten fotografieren

Wenn Sie eine Reise nach Island planen, setzen Sie Ihre Erwartungen nicht zu hoch an – das Wetter kann sehr launisch sein!

Als Fotograf sollten Sie gut über das Wetter informiert sein. Allen Nachrichten zum Trotz wechselt es fast im Fünfminutentakt. Zum Vor- oder Nachteil. Wie auch immer, wenn das Licht mitspielt, haben Sie gewonnen und können auf Island einmalige Bilder machen. Durch einen Lichtstreifen am Horizont kann die Abend- oder Morgensonne den Himmel zum Glühen bringen. Es lohnt sich, zu warten – nehmen Sie sich Zeit.

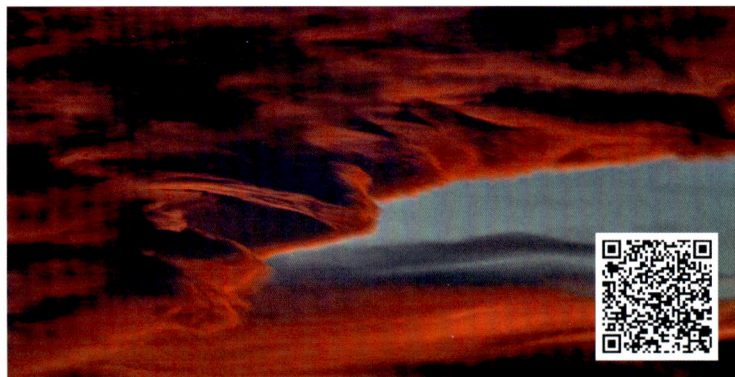

Auch wenn es regnet und stürmt, bleiben Sie wachsam, es entwickeln sich immer lichte Momente.

Sie bekommen Ihre fünf Minuten, manchmal sind es nur Sekunden …, deshalb sollte die Kamera immer schussbereit sein. Es gibt Momente, da zählt Schnelligkeit …

Wenn es extrem stürmt, stellen Sie Ihr Fahrzeug so, dass Sie geschützt aus dem Auto fotografieren können. Versuchen Sie nicht, aus dem Auto mit Stativ und einer längeren Belichtungszeit zu fotografieren. Das Auto wackelt!

Tipp: Fotografieren Sie nicht mittags um 12 Uhr, da schlafen Sie besser. Nutzen Sie das lange, flache Abend- bzw. Morgenlicht. Und im Sommer machen Sie am besten die Nacht zum Tage.

Auch wenn im Winter die Sonne nicht lange scheint, bietet sich Ihnen eine extrem lange blaue Stunde – schon fast zwei. Im Winter toppt die Schönheit der Natur und des Lichts nochmal alles. Sie werden sich oft wundern, wo das Licht herkommt. Es ist unglaublich beeindruckend, was die Natur uns hier schenkt. In den Westfjorden, wie auch teilweise im Norden, kommt im Winter die Sonne nicht über den Berg, aber dafür hat man den ganzen »Tag« einzigartige Lichtverhältnisse.

Orientieren Sie sich über www.vedur.is im Stundentakt nach dem Wetter. Nehmen Sie sich Zeit und warten Sie ab …, es lohnt sich immer. Morgenstimmung in **Reykhólar:**

Polarlicht

Gibt es etwas Magischeres als Polarlicht? Finden Sie es heraus! Sobald die Nächte dunkel werden und der Himmel klar, beginnt die Zeit der Polarlichter. Dazu können Sie bei »vedur« unter »Aurora forecast« sehen, wie aktiv das Polarlicht ist und ob es einen wolkenfreien Himmel gibt.

Zudem gibt es unter dem Suchwort »Nordlichtmelder« verschiedene Apps, mit deren Hilfe Sie zeitnah Informationen über Aktivitäten erhalten.

Fotografisches Grundwissen für Island

Nun möchte ich Ihnen meine persönliche Einschätzung über isländische Sehenswürdigkeiten vermitteln. Sie erhalten konkrete Tipps, was Sie wann, wo und wie fotografieren bzw. erleben können.

Ich zeige Ihnen meine persönlichen Plätze – basierend auf meiner jahrelangen Erfahrung und meiner innigen Beziehung zu diesem besonderen Land.
Seien Sie bereit, auf Island kann man im Minutentakt fotografieren. Und bitte, machen Sie grundsätzlich Ihr eigenes Bild! Wenn ich jedes Motiv hier exakt beschreiben würde, käme ein 1 000 Seiten starkes Nachschlagewerk heraus.

Tipp: Orientieren Sie sich an den Sonnenauf- und -untergangszeiten. Sie erhalten Zeiten als Anhaltspunkte, die sich natürlich täglich verschieben. Reisen Sie möglichst im Uhrzeigersinn.

An den Küstenregionen spielen Ebbe und Flut eine große Rolle. Wenn Sie »nichts« sehen …, dann ist Flut. Seien Sie gespannt auf Regionen, wo der Tidenhub bis zu sechs Meter beträgt.

Bei Wasserfällen sollten Sie wegen der unterschiedlichen Fließgeschwindigkeiten unterschiedliche Belichtungszeiten ausprobieren. Wenn der Himmel grau ist, brauchen Sie keinen Graufilter. Das ist die beste Voraussetzung, Wasser zu fotografieren!

Der eine mag es eher spritziger, der andere weicher. Hier empfehle ich einen Graufilter. Ist der Horizont über dem Wasserfall hell, benötigen Sie eventuell einen Verlaufsfilter.

Der fotografische Winter fängt meist im November an und reicht bis Anfang März. Das ist die Zeit für die Eis-Caves. Zu Beginn des Winters sind die kleinen Wasserfälle am schönsten. Im weiteren Verlauf frieren sie zu wenig attraktiven Eisblöcken zu. Große Wasserfälle vereisen nicht so schnell. Beste Fotozeit für sie ist je nach Winter Januar bis Mitte Februar.

Von Mitte Dezember bis Mitte Januar sind die Tage am kürzesten. Die Sonne geht erst gegen 11.30 Uhr auf und schon um etwa 15.30 Uhr unter. Vier Stunden Zeit für ganz besondere Bilder, zudem die sehr lange blaue Stunde ebenso zu fotografischem Neuland einlädt wie die faszinierenden Polarlichter.

Im Sommer geht die Sonne erst gegen Mitternacht unter und zwei Stunden später wieder auf. Schlechte Zeiten für Nachteulen!

Viele Kirchen sind von innen sehr schön. Leider sind sie oft – zumindest auf dem Land – geschlossen, weil in der Vergangenheit Einiges gestohlen wurde. Es gibt weit mehr als die einzigartige Natur Islands – viele Motive finden sich am Wegesrand (>>> Seite 9): Briefkästen, Hydranten, Schrott, Vogelscheuchen u. v. m.

Tipps zur Ausrüstung

Ganz wichtig für alle Objektivwechsler: Nicht nur bei dem häufigen Wind befindet sich jede Menge mikrofeiner Lavastaub (Aschevulkan) in der Luft, der sich auf dem Sensor Ihrer Kamera absetzt. Wenn Sie diesen erst auf dem PC und damit beim Betrachten der Bilder entdecken, ist es zu spät – die schönen Fotos sind für den »Papierkorb« oder Sie müssen in der Bildbearbeitung sehr viel »tupfen«. Seien Sie achtsam!

Wenn Sie das Objektivglas reinigen, unbedingt erst pusten oder mit einem Blasebalg den feinen, nicht sichtbaren, körnigen Staub entfernen!

Tipp: Nehmen Sie auch viele Trockentücher für den »Einsatz« an den Wasserfällen mit!

Bedenken Sie, dass die salzhaltige Küstenluft immer feucht ist. Wenn Sie mit Wechselobjektiven arbeiten, sollten Sie tunlichst auf billige UV-Filter oder sonstige »Schutzfilter« verzichten. Diese mindern meistens die Qualität Ihrer hoch vergüteten Objektive, zudem funktioniert häufig der Autofokus nicht mehr richtig.

Tipp: Halten Sie immer Ihr Stativ fest. Es kann sonst von Fallböen umgeworfen werden!

Überschätzen Sie nicht die Leistung des Akkus. Er kann schneller leer sein als Sie denken und dann stehen Sie vor den schönsten Motiven – mit leerem Akku. Haben Sie immer einen in Reserve und nutzen Sie jede Möglichkeit, die Akkus wieder aufzuladen.

Ein wichtiges Thema sind Speicherkarten und Datensicherung. Die riesige Fülle einzigartiger Motive bedingen entsprechende Speicherkapazitäten, mit denen Sie sich zu Hause eindecken sollten, dort sind sie sicher günstiger. Nehmen Sie besser ein paar Speicher mehr mit, als zu wenig. Wer seine Datensicherung auf einer externen Festplatte vornimmt, sollte diese täglich spiegeln.

Tipp: erst kopieren – dann spiegeln – dann die Speicherkarte löschen!

Achten Sie auf die Qualität Ihrer Ausrüstung. Sind Sie länger auf Island und haben technische Probleme oder benötigen Sie etwas Neues, kann es sich sogar lohnen, mit einem preiswerten Flug für einen Tag nach Hause zu fliegen.

Sie können sich Ware nach Island schicken lassen – beachten Sie dabei, dass die isländischen Einfuhrzollformalitäten mehrere Wochen dauern können!

Tipp: Akkus sind nicht erst seit explodierenden Smartphones ein Gefahrengut! Akkus sollten immer ins Handgepäck (beachten Sie hierzu die aktuellen Fluglinieninformationen).

Als »Berufskleidung« empfehle ich Ihnen Arbeitshosen mit entsprechendem Knieschutz. Die gibt es schon ab 70 Euro im Baumarkt. Der Stoff ist reißfest, die Hosen verfügen über aufgesetzte Taschen, in die man Zubehör reinstecken kann und die beim Bücken nicht drücken. Wir gehen ja nicht auf eine Modenschau, wir wollen praktisch sowie bequem fotografieren. Gutes Schuhwerk ist gleichfalls ein Muss – die Lavasteine sind spitz.

Für den Winter trage ich einen warmen, winddichten »Überlebensanzug« mit Kapuze, den es ebenfalls im isländischen Baumarkt gibt (ab 140 Euro). Bei längeren, starken Regenfällen sind Gummistiefel und ein gutes Regencape empfehlenswert.

Drohnenfotografie – Genehmigungen

Inzwischen gibt es auf Island sehr viele Drohnenverbote, z.B. in allen Nationalparks. Zudem benötigt man vom Grundbesitzer eine Genehmigung! In Reykjavík braucht man von der Stadt und auch von der Polizei eine Erlaubnis wegen des Flugverkehrs. www.isavia.is

Fliegen Sie nie über Menschen, das ist auf Island genauso wenig erlaubt wie in Deutschland. Starten Sie abseits von Tourismus-Hotspots. Drohnen über fünf Kilogramm und bei einer Flughöhe über 130 Meter benötigen Sie eine Genehmigung von Umferdarstofa – www.samgongustofa.is (Stand 2017).

Wer filmen möchte und einen professionellen Eindruck macht, muss sich für alle Nationalparks Genehmigungen besorgen. www.vatnajokulsthjodgardur.is/english/protection/permits/

Das gleiche gilt auch für den Ausbruch eines Vulkans, den man nur mit Presseausweis, Guide und Genehmigung näher verfolgen kann. www.syslumenn.is

Ich möchte Ihnen gerne meine wichtigsten Grundregeln mit auf den Weg geben. In einem Video erkläre ich Ihnen an Bildbeispielen meine Arbeitsweise als Fotograf. Lassen Sie sich von meinen persönlichen Tipps zum Grundwissen der Fotografie zu wirklich guten Fotos inspirieren.
Denken Sie daran, aller Planung zum Trotz sollten Sie sich von Ihrem Bauchgefühl leiten lassen und Ihr eigenes Bild machen!

Das kleine, wichtige 1 x 1 der Fotografie – einfach und verständlich.

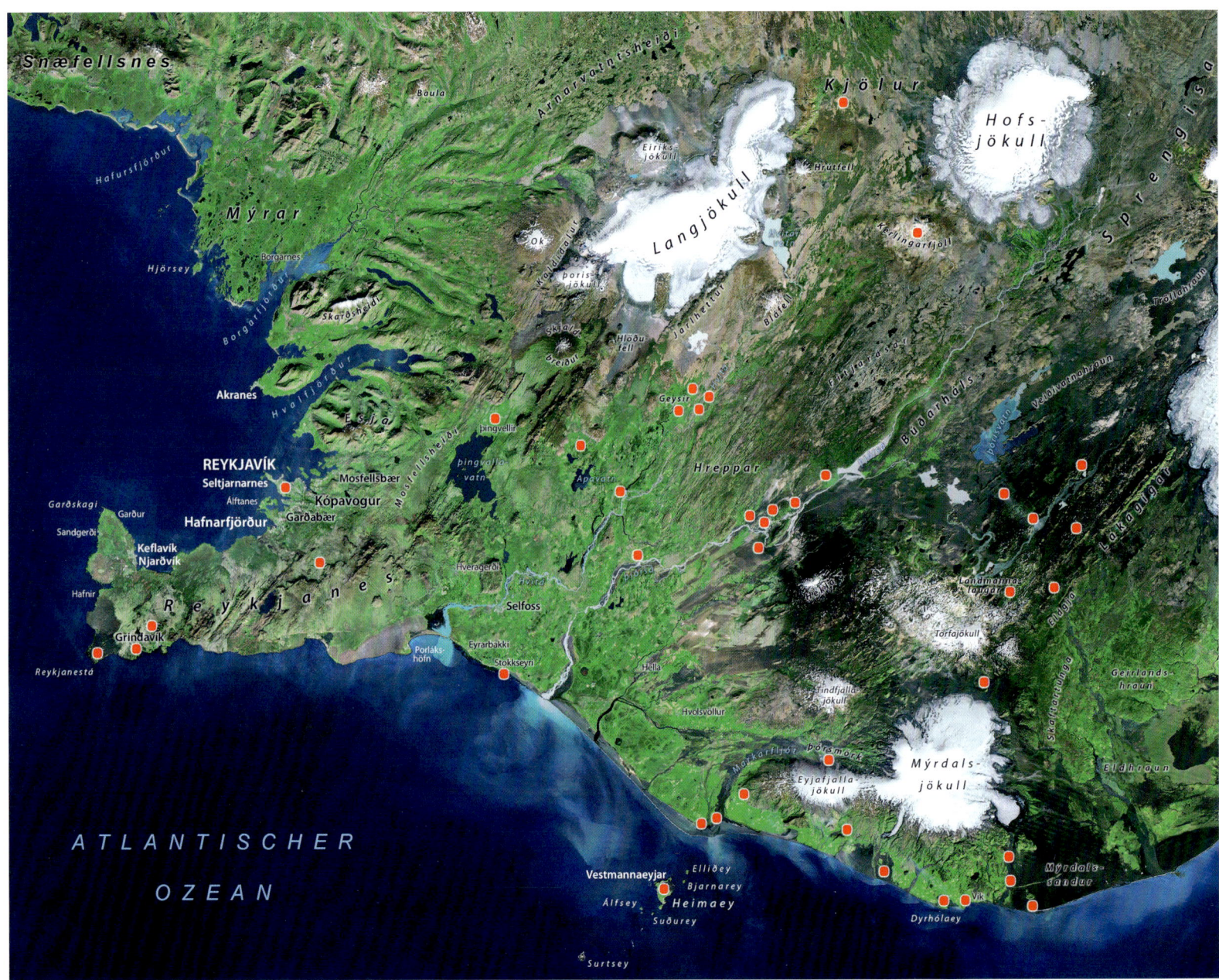

Snæfellsnes

Hafursfjörður

Baula

Arnarvatnsheiði

Kjölur

Hofs-
jökull

S p r e n g i s a

Mýrar

Eiríks
jökull

Hrútfell

Langjökull

Ok

Þóris
jökull

Kerlingarfjöll

Trollhraun

Hjörsey

Borgarnes

Borgarfjörður

Skarðsheiði

Mánaárlar

Skjal-
breiðu

Hlöðu-
fell

Jarlhettur

Bláfell

Veiðivatnahraun

Akranes

Esja

Geysir

Fjallatangasel

Búðarháls

Esja

Þingvellir

Hreppar

Lakagígar

REYKJAVÍK
Seltjarnarnes   Mosfellsbær
Álftanes
Kópavogur
Hafnarfjörður   Garðabær

Mosfellsheiði

Þingvalla
vatn

Apavatn

Landmanna
laugar

Garðskagi   Garður
Sandgerði
Keflavík
Njarðvík

Hverageði

Hvítá

Eldgjá

Hafnir

R e y k j a n e s

Selfoss

Torfajökull

Reykjanestá

Grindavík

Þorláks-
höfn

Eyrarbakki

Stokkseyri

Hella

Geklinds
hraun

Hvolsvöllur

Tindfjalla
jökull

Skaftártunga

Eldhraun

ATLANTISCHER

Markarfljót Þórsmörk

Eyjafjalla-
jökull

Mýrdals-
jökull

Mýrdals-
sandur

OZEAN

Vestmannaeyjar

Elliðey
Bjarnarey

Álfsey   Heimaey
Suðurey

Vík

Dyrhólaey

Surtsey

Tour 1: Süden / Südwest – der »Golden Circle« um Reykjavík und viel, viel mehr

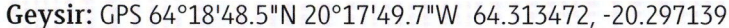

Geysir: GPS 64°18'48.5"N 20°17'49.7"W 64.313472, -20.297139

Gullni Hringurinn – der **»Golden Circle«** ist ausgehend von der Hauptstadt Reykjavík eine besonders beliebte Route auf Island. Damit sich bei dieser »Basisrundreise« in der touristischen Hochphase auch jeder an die Geschwindigkeitsbegrenzung hält, finden sich auf der Fahrbahn in der Anfahrt auf den Geysir deutliche »Tempobremser«. Bei falscher Geschwindigkeit kann die Wirkung dieser vor und nach dem Geysir montierten »Hubbel« ordentlich ins Fahrzeug durchschlagen.

Der Geysir selbst wirkt auf Sommerbildern am besten. Blauer Himmel und Sommersonnenlicht unterstreichen das Blau der Wasserblase, um diese gut abzulichten. Ich rate zu einem Stativ für die

Kamera, weil die »Blub«-Intervalle des Geysirs bis zu acht Minuten dauern können. Manchmal erfreuen einen aber auch weitere Blubs direkt hintereinander, ein Kabelauslöser wäre dann für Sie von Vorteil. **Achten Sie immer auf den Wind, der grundsätzlich in Ihrem Rücken sein sollte, aber öfters drehen kann. Und das könnte für Sie sehr nass und »tödlich« für Ihre Kamera werden.**

Tipp: Kamera auf manuell stellen, kurze Belichtungszeit ab 200stel aufwärts. Feste Blende mit Belichtungskorrektur minus, weil die weiße Gischt sonst überstrahlen kann. Wenn sich das Licht ändert, korrigieren. Wählen Sie die schnellste Bildfolge und einen manuellen Fokus auf die Wasserblase. Respektieren Sie die Absperrungen.

Ich rate zu Weitwinkel im Hochformat und Teleobjektiv für die Wasserblase.

Uhrzeit: Die beste Fotozeit für den Geysir beginnt im Sommer ab vier Uhr morgens und reicht bis maximal 8 Uhr, später kommen bereits die Busse mit vielen Besuchern. Im genannten Zeitfenster kann man noch ohne Einschränkung seine Position wechseln und mal gegen die Sonne fotografieren. Zudem lassen sich dann auch umliegende Strukturen ablichten. Als alternativen Zeitpunkt kann ich mir Sommerabende ab 20 Uhr vorstellen.

Im Winter wird das Zeitfenster für den Geysir etwas knapp und reicht nur bis zum späten Mittag, danach verschwindet die Sonne schon hinter dem Berg.

Vom hinteren kleinen Parkplatz fahren Sie mit einem Allradfahrzeug weiter durch das wunderschöne Waldgebiet **Haukadalur.** Im Sommer wachsen hier Lupinen. Über die F 333 – etwas holprig über zwei befahrbare Wasserfahrten – und die F 338 kommt man dann auf die 35 oberhalb des Wasserfalls **Gullfoss.** (>>> Seite 26)
GPS: 64°19'47.3"N 20°16'30.1"W 64.329801, -20.275033

Gullfoss: Südwest
GPS: 64°19'30.6"N 20°07'27.7"W 64.325167, -20.124361

Im Sommer darf man am Wasserfall ab nachmittags mit einem beeindruckenden Regenbogen rechnen. Es lohnt sich auch hinunter zu gehen, kommen Sie so doch hautnah an das Geschehen. Im Winter sollten Sie jedoch unbedingt auf den Abstieg verzichten, hier besteht dann ernsthafte Gefahr für das eigene Leben! Sommers wie winters punktet der Gullfoss besonders im Abendlicht – wenn man Glück hat und Abendrot sich am Himmel zeigt,

dann beginnt der Wasserfall förmlich golden zu leuchten und macht damit seinem Namen »Goldener Wasserfall« alle Ehre. In der blauen Stunde bietet er auch ein sehr schönes Motiv. Im Winter lohnt die fotogene Kombination mit Polarlicht, darauf kann man dann sogar auf dem unteren Parkplatz warten. Wer eine Pause einplanen möchte, sollte sich diese vor Ort gönnen: Hier lockt eine sehr gute Lammsuppe – inklusive Nachschlag (Stand 2017). Mit ordentlich Offroad-Aufwand und zudem rund zwei Kilometer Fußlauf kommt man von der anderen Seite an den Wasserfall heran. Fotografisch lohnt sich aber der Aufwand meiner Meinung nach nicht, zudem begibt man sich dazu durchaus in Gefahr.

Auch wenn die 35 nun zur F 35 wird, ist sie inzwischen bis zum vulkanischen Gebirgszug **Kerlingarfjöll** befahrbar.
Kerlingarfjöll-Hochland: (>>> Seite 28)
GPS: 64°39'01.9"N 19°16'26.8"W 64.650528, -19.274111

Wenn der Weg nass ist, sollten Sie besser die letzten 500 Meter bis zum Parkplatz den Berg hinunter laufen – in »Gummistiefeln«.

Der Canyon am **Kerlingarfjöll** kommt ab Mittag optimal ins Licht. (>>> Seite 30)

GPS: 64°39'30.0"N 19°16'47.1"W 64.658325, -19.279739

Mittlerweile kann man die F35 auch weiter in Richtung Norden fahren. Die Straße berührt nicht nur schöne Seen, sondern führt über die F735 in das **Hochtemperaturgebiet Hveravellir,** das im frühen Morgenlicht sicher am besten kommt! Im Sommer können Ihnen am Morgen Schafe ins Bild laufen.

GPS: 64°51'56.5"N 19°33'23.2"W 64.865694, -19.556444

Luftbild

Die F35 anschließend wieder zurück in Richtung Gullfoss fahren oder weiter in Richtung Nordwest. (>>> Tour 4, Seite 201)

Unterhalb des Gullfoss-Wasserfalls am Flusslauf **Hvitá** liegt der kleine Canyon **Brúarhlöð – Hrunamannahreppur,** den ich ab dem frühen Mittag ansteuern würde. Hier kann man mit Glück durchaus gegen zehn oder elf Uhr dem Raftingsport beiwohnen und ins Wasser springende Aktivurlauber erleben.

Brúarhlöð – Hrunamannahreppur:

GPS:64°15'34.0"N 20°13'27.0"W 64.259444, -20.224167

Luftbild

Weiter über die 30 zur 359 lässt sich der Flusslauf von einer Brücke aus sehr gut fotografieren.

GPS: 64°09'20.1"N 20°21'42.7"W 64.155583, -20.361861

Besonders zum Winteranfang und im Nachmittagslicht zeigen sich wunderschön dahinfließende Eisschollenstrukturen.

Brúarárfoss: Südwest – nicht weit vom Geysir entfernt!

GPS: 64°15'51.2"N 20°30'56.0"W 64.264222, -20.515556

Nicht gerade groß, aber fotografisch mit der schönste Wasserfall Islands ist der Brúarárfoss – mit türkisblauem Wasser. Über eine kleine Brücke kann man sich dem Wasserfall nähern. Und von der Brücke aus lässt er sich wunderbar fotografieren. Vor allem im Sommer und im Herbst gelingen beste Aufnahmen – ohne großen Aufwand – aber Stativ und »Graufilter« sollten sein. Mit Gummistiefeln kommt man noch näher dran, dies ist aber nicht wirklich nötig.

Der Fluss liegt hinter einem Wohngebiet. Dort gibt es nur eine offene Straße.

    GPS: 64°15'07.3"N 20°29'22.4"W 64.252028, -20.489556

Man muss das Wohngebiet durchfahren und dann ca. zehn Minuten laufen. Vorsicht, wenn es geregnet hat: Dann kommt man leicht vom Fahrweg ab, und es ist sehr sumpfig. (>>> Seite 24)

Achtung: Der Pfad dahin kann sehr feucht sein! Achten Sie darauf, dass, während Sie die Kamera auslösen, keiner über die Brücke geht, denn die Holzbrücke wackelt doch sehr beträchtlich.

Ein Besuch im Winter lohnt sich nicht unbedingt, da es sich um einen Quellfluss handelt, der nicht zufriert. Das passiert nur in extrem harten Wintern, was im vom Golfstrom beeinflussten Süden jedoch weniger vorkommt.

Man kann alternativ aber die gesamten ca. sechs Kilometer bis zur Quelle laufen – und es gibt außerdem noch einen anderen Weg, auf dem man bis auf einen Kilometer heranfahren könnte … lohnt sich aber nicht wirklich und ist obendrein zu gefährlich.

Noch einen weiteren Weg – von der anderen Seite zur Quelle – gibt es über die F337. Doch auch hier ist Vorsicht geboten, denn am Anfang ist der Weg sehr steil, und danach wird er sehr sandig … Man muss klettern können und es ist sehr mühselig, also auch nicht unbedingt ein »Muss«.

Unser nächstes Besichtigungsziel ist die Kathedrale.
Bistum Skálholt Dom:
    GPS: 64°07'31.1"N 20°31'30.0"W 64.125306, -20.525000

Die Kathedrale, der Dom, begeistert durch seine wunderschöne Akustik – und sein schönes Lichterspiel, vor allem um die Mittagszeit, wenn die Sonne scheint!

Einen Ausflug wert ist auch der Nationalpark **Þingvellir** mit dem Wasserfall **Öxarárfoss.** (>>> Seite 32)
    GPS: 64°15'56.5"N 21°07'02.1"W 64.265694, -21.117250

Man sollte jedoch früh aufstehen, um dort zu sein, bevor die Touristen kommen. Vor allem tagsüber tummeln sich hier sehr viele Besucher. Außerdem hat man zur Morgenzeit das beste Licht, um zu fotografieren. Hier herrscht Drohnenverbot!
Und: Bitte nicht über die Moose laufen!

Wer im Winter dorthin reisen möchte, sollte bedenken: Im Winter gefriert der Wasserfall sehr schnell zu einem großen Eisblock!

Die Silfra-Spalte ist eine kilometerlange Verwerfung im **Þingvellir-Nationalpark,** die durch das Auseinanderdriften der Nordamerikanischen und der Eurasischen Platte entstand. Ein beliebter Platz für Taucher.

Eine wasserdichte Kamera an einer Stange – und man braucht selber nicht zu tauchen. Aber bitte nicht, wenn dieses Schild aufgestellt ist – da laichen die Fische!

GPS: 64°15'19.2"N 21°06'60.0"W 64.255332, -21.116661

Ebenfalls ein schönes Motiv ist die **»Þingvallakirkja«,** eine der ersten Kirchen, die in Island gebaut wurden. Wem es möglich ist, der sollte die Kirche im Abendlicht fotografieren.

GPS: 64°15'20.8"N 21°07'25.2"W 64.255778, -21.123667

Und dann begeben wir uns ein bisschen weiter Richtung See:

GPS: 64°15'11.4"N 21°07'34.2"W 64.253167, -21.126167

An dieser Stelle sollten Sie ein paar Meter durch die Büsche gehen – dann haben Sie die schönste Grabenschlucht vor Augen, mit Blick auf den See … fern vom Tourismus:

GPS: 64°14'53.1"N 21°01'28.2"W 64.248089, -21.024489

Nicht weit vom »Golden Circle« entwickelt sich eine grandiose Landschaft. Abseits vom Tourismus – um den längsten Fluss Islands: die Þjórsá.

Die Route führt über **Flúðir** (30), wo es eine preiswerte »Blaue Lagune« gibt. Wer heiße Quellen mag, sollte sie hier genießen. Dann weiter entlang der 30, und schließlich Richtung 32 ins Hochland. Hier sehen Sie schon jede Menge Bauernhöfe mit Islandpferden, auch Isländer genannt.

Kurz nach **Árnes** liegt auf der linken Seite ein wunderschönes **Rétt:**

GPS: 64°02'28.7"N 20°13'06.8"W 64.041306, -20.218556

Und nochmal zwei Kilometer weiter hat man auf der rechten Seite einen Blick auf ein Biotop im Fluss!

GPS: 64°02'48.9"N 20°09'17.4"W 64.046928, -20.154832

Luftbild

Weiter Richtung Hochland, kommt eines der schönsten Waldgebiete Islands: **Selhöfðar.** Über eine kleine Brücke kann man in den Wald gehen (>>> Seite 34). Die beste Zeit ist ab Mittag.

GPS: 64°06'53.8"N 19°55'34.3"W 64.114944, -19.926194

Danach links abbiegen, über den Weg Reykholt nach **Reykholtslaug,** wo es ein verlassenes Schwimmbad gibt – **Baden ist dort allerdings verboten!**

GPS: 64°09'38.8"N 19°48'42.8"W 64.160778, -19.811889

Dann geht es wieder zurück auf die 32 . Hier erst links abbiegen, dann geht es anschließend nach ca. einem Kilometer nach rechts zum Wasserfall **Hjálparfoss.**

GPS: 64°06'52.4"N 19°51'12.6"W 64.114556, -19.853500

Er ist vor allem zu Winterbeginn sehr schön anzuschauen – und wenn man Glück hat, kann man je nach Schneeverhältnissen sogar mit dem Auto bis zum Parkplatz fahren. Ansonsten muss man ca. 800 Meter laufen. Sicher ist sicher!

Bevor Sie danach links abbiegen, fahren Sie noch kurz ein Stückchen weiter. Man sieht alte historische Gebäude wie das Torfhaus **Þjóðveldisbærinn.**

GPS: 64°07'11.6"N 19°49'15.8"W 64.119889, -19.821056

Dann wechseln wir wieder von der 32 auf die 327 nach **Gjáin.** Alle Wege sind befahrbar. Dort sind kleine Wasserfälle – mit schönen Felsstrukturen.

GPS: 64°08'56.6"N 19°44'11.2"W 64.149056, -19.736444

Es gibt Stellen, an denen man durch den Bach auf die andere Seite kommt. Man kann allerdings auch über das **Viking-era Long house** zum Bach kommen. Das sind fünf Minuten zu Fuß, die sich lohnen. Im Winter ist dies jedoch fast nicht zugänglich – es hängt von der Schneelage und dem Fahrzeug ab.

Alternativ können Sie auch von der anderen Seite in diese Schlucht fahren. Über die 332 , dann links auf die 327 , Wegstrecke ca. 2,5 Kilometer.

Weiter geht es über die 327 auf die 332 Richtung **Háifoss** (Hoi gesprochen). Das ist Islands dritthöchster Wasserfall, der in einem sehr schönen Canyon liegt. Er kommt ab Mittag besser.

GPS: 64°12'24.8"N 19°40'42.3"W 64.206889, -19.678417

Meine Route führt weiter über die 32 Richtung F26 **Sprengisandur** – diese lohnt sich nicht unbedingt durchzufahren. Die Highlights erreicht man besser von Norden / Mývatn her (>>> Tour 7, Seite 219). Es ist außerdem eine große Wasserfahrt und ein sehr schlechter Weg. 150 Kilometer lang ein einziges »Gerappele«!

Wenn man die 26 anschließend wieder zurück zur Küste fährt, kommt man zum **Þjófafoss**-Wasserfall, der auch oberhalb im Flusslauf sehr schön anzusehen ist. Etwas weiter entwickelt sich ein schönes Grün-Plateau.

GPS: 64°03'21.5"N 19°52'02.7"W 64.055970, -19.867411

Jetzt geht es zu den Highlight-Regionen von Island.

Hier gilt allgemein, man sollte am besten den Spätsommer oder den Herbst wählen. Ideal ist es, wenn es geregnet hat, und tags darauf die Sonne scheint. Dann bekommen die Moose die frischen Farben. Und frühes Aufstehen lohnt sich …

Die F228 führt ins für mich schönste Seengebiet von Island: **Veiðivötn-Hochland** (>>> Seite 36)

GPS: 64°08'03.6"N 18°47'09.2"W 64.134333, -18.785889

Ein Muss für den Fotografen! Hier sollten Sie mit einem großen Allrad unterwegs sein, denn Sie müssen durch zwei Wasserfahrten – und die zweite sollte man genau beobachten, wie sie gefahren wird! Hier könnte ich Ihnen tausend GPS-Daten geben. Erkunden Sie die vielen Seen und Vulkane. Hier können Sie locker ein paar Tage bleiben.

Achtung: Fischen darf man nur mit Genehmigung. Man kann aber auch frische Fische im Camp kaufen, wenn ein Angler gerade am Platz seinen Fischfang säubert. Wildes Campen ist verboten!

Wer es bisher geschafft hat, schafft dann auch diese »kleine« Wasserfahrt. Doch Vorsicht: sie verändert sich!

GPS: 64°06'49.9"N 18°46'43.4"W 64.113861, -18.778722

Dann geht es über den Berg in das Tal des Flusslaufes **Tungnaá** – das ist Island. (>>> Seite 38)

Luftbild

Luftbild

Wer hierher kommt, will nicht wieder weg – fotografisch ein Paradies! Warten Sie das wechselnde Licht ab. Angenehm auch: Es gibt nur sehr wenige Touristen!

Man kann dann noch über die F 229 Richtung Gletscher fahren – kommt aber nicht wirklich heran.

Die F 208 – F 224 ist der einzige Weg, der ohne Wasserfahrten nach Landmannalaugar führt. **Landmannalaugar** ist Island schönstes Wandergebiet. (>>> Seiten 40 / 42 / 44 / 46)

Das Basiscamp können Sie gut erreichen. Die einzige Wasserfahrt ist am Camp – und dort gibt es eine Brücke für Fußgänger.
Von hier aus lassen sich jede Menge Tagestouren unternehmen – auch mehrtägige ins Gletschertal **Þórsmörk** (55 Kilometer). Von dort kann man mit einem »Linien-Bus« wieder zurückfahren.
Wer zum »türkisblauen« Fels möchte, muss wandern. Die Route ist durchaus anspruchsvoll und eine gute Tagestour.
GPS: N63° 56.230' W19° 00.593' 63.937167, -19.009883

Am Basiscamp ist es in der Abendsonne am schönsten. Links am Camp vorbei, geht es zu einem sehr schönen Bachlauf an grünen Felsen.

Zur Weiterfahrt sollten Sie früh aufstehen und weiter über die F 208 Richtung Süden fahren. Hier kommen Wasserfahrten, die für einen guten Allrad befahrbar sind! Die F 235 sollte man nicht auslassen. Sie ist ebenfalls gut zu befahren.
So erreichen Sie eine sehr schöne Vulkanlandschaft – den **Vatnajökull-Nationalpark.**

Sie können bis zum See durchfahren.
GPS: 64°07'06.0"N 18°25'43.3"W 64.118333, -18.428694

Wer möchte, kann kurz vorher nach rechts abbiegen Richtung **Sveinstindur Vatnajökull-Nationalpark.** (>>> Seite 48)

GPS: 64°06'29.7"N 18°27'07.0"W 64.108245, -18.451952

Auf jeden Fall ein Erlebnis im Abendlicht ist **Hellnafjall,** ab hier gibt es einen kleinen Weg hinauf: (>>> Seite 50)

GPS: 64°04'12.9"N 18°30'06.9"W 64.070250, -18.501917

Die `F233` und `F210` sollten von dieser Seite **nur mit einem »Super Jeep«** befahren werden. Hier gibt es den Klassiker: Grüner Vulkan auf schwarzem Lavasand vor dem Gletscher – **Mælifell.** Am eindrucksvollsten aus der Luft zu betrachten.

GPS: 63°48'01.9"N 18°57'22.5"W 63.800528, -18.956250

Luftbild

Achtung: Sandiger Flusslauf, nur mit »Super Jeep«! (>>> Seite 52)

Auch von der anderen Seite der `F210` sollte man nur fahren, wenn man einen **»Super Jeep«** hat! **Sandige Flussläufe und sandige Pisten** erwarten Sie.

Wenn man weiter Richtung Süden fährt, geht es nach links Richtung **Ófærufoss.**

GPS: 63°57'06.2"N 18°38'18.9"W 63.951722, -18.638583

Sie müssen zwar vom Parkplatz ca. 25 Minuten laufen, aber so kommt man hautnah an den Wasserfall ran. Von einer Plattform aus hat man das Gefühl, »mitten« im Wasserfall zu stehen.

Wenn Sie anschließend weiter Richtung Süden fahren, kommen Sie wieder auf die `1` – und nach links würde es in Richtung des Canyons **Fjaðrárgljúfur** (>>> Seite 112 / Tour 6, Seite 216) weitergehen. Sie fahren jedoch nach rechts Richtung Vik.

Vor Vik geht es links nach **Hjörleifshöfði.** Hier gibt es eine Höhle, an der man eine Pause machen sollte – vielleicht mit einem Lagerfeuer.

GPS: 63°25'00.7"N 18°45'53.6"W 63.416861, -18.764889

Dann können Sie noch ca. 800 Meter weiterfahren, zu einem einsamen Fels auf dem großen Sandfeld.
Hier jedoch besser stoppen, denn man kann sich schnell im Sand festfahren und man kommt auch nur von dieser Seite zu dem Felsen!
    GPS: 63°24'51.3"N 18°45'10.7"W 63.414250, -18.752972

Die 1 führt weiter Richtung Vik, Sie biegen jedoch kurz vorher rechts am Hotel Katla ab. Dieser Weg 214 führt nach **Þakgil.** Die Strecke ist nur im Sommer und im Herbst befahrbar. Aber ein Muss!

Hier sollten Sie zum Sonnenaufgang stehen:
    GPS: 63°29'40.9"N 18°52'29.6"W 63.494694, -18.874889

Anschließend kann man weiter ins Tal fahren und hat dann die Möglichkeit, rechts abzubiegen, was sich auf jeden Fall lohnt! Hier können Sie auch ein Stück in die Schlucht hineingehen.
Þakgil – Süden (>>> Seite 54)
    GPS: 63°31'28.7"N 18°51'08.4"W 63.524631, -18.852326

Vom Campingplatz in **Þakgil** aus können Sie zum Gletscher **Mýrdalsjökull** wandern, wo der Vulkan Katla schlummert!

Vík í Mýrdal ist der südlichste Ort auf dem isländischen Festland. Die dortige Kirche ist besonders schön zur Lupinenzeit.
Mit einem Allrad kommt man auch den Berg an der Küste hoch.
    GPS: 63°24'10.5"N 19°02'08.1"W 63.402906, -19.035587

Achtung: Es handelt sich um eine Steilküste! Es kann dort sehr windig sein.

Aber man hat in beiden Richtungen einen guten Blick auf die Black Sand Beaches, die schwarzen Strände aus Lavasand. Die schwarzen Felsnadeln **Dykes** entfalten vor allem im Morgenlicht ihre Wirkung.
    GPS: 63°24'50.5"N 19°00'49.1"W 63.414028, -19.013639

Die **Reynisdrangar** sind etwas ganz Spezielles (>>> Seite 12). Grundsätzlich zu jeder Jahreszeit ein Muss. Am besten aber frühmorgens oder spätabends zu besichtigen; tagsüber ist der Ort zu überlaufen.
    GPS: 63°24'12.5"N 19°02'36.8"W 63.403470, -19.043563

Achtung: Man sollte auch hier höchste Vorsicht walten lassen. Es besteht absolute Lebensgefahr durch Brandung und Wellen – immer wieder passieren tödliche Unfälle!

Nach sehr zahlreichen Versuchen kann ich sagen, welche Voraussetzungen gegeben sein müssen! Die folgende Wellen-Webseite sollten Sie im Auge behalten. Hier können Sie bis eine Woche im Voraus sehen, wie die zu erwartende Wellenhöhe ist.

Reynisdrangar

Hier sollten im Süden Wellen ab acht bis zehn Meter auf Vik stoßen – orangerot. Je roter, desto besser! Fürs beste Bild sollte gegen Nachmittag der Flut-Höchststand sein:

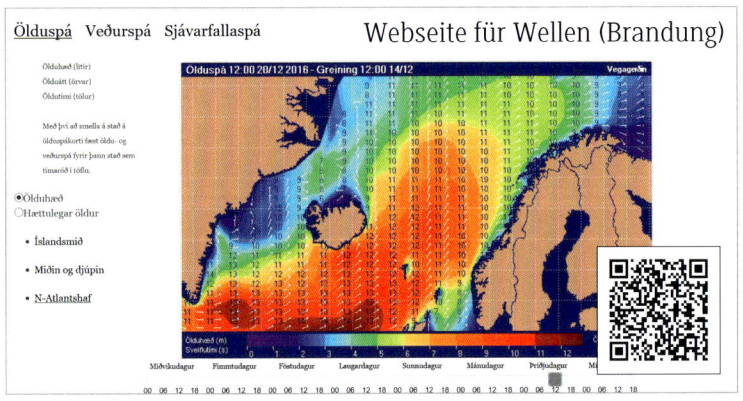

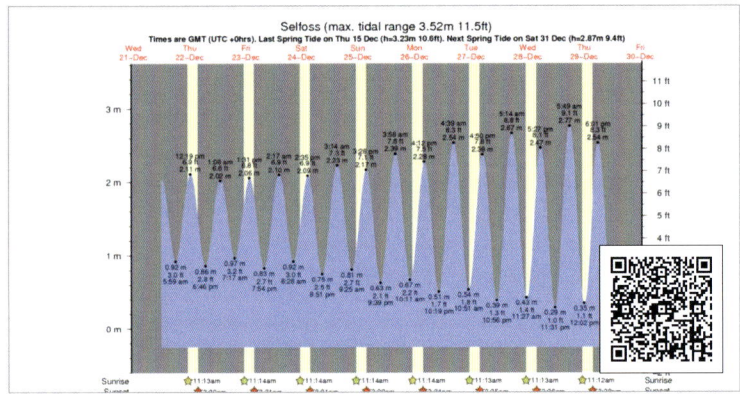

Und wenn dann noch das Licht mitspielt, geht so etwas im Sekundentakt! Dies kommt aber sehr selten vor!

Auf jeden Fall sollten Sie, wenn Sie Ihr einzigartiges, Ihr »finales« Bild haben, noch hinüberfahren – auf der 218 bis zum Ende:
   GPS: 63°24'13.7"N 19°06'14.4"W 63.403806, -19.104000

Oder umgekehrt, obwohl die **Black Sand Beaches** im Abendlicht sehr schön sind. Auch hier kann man finale Bilder machen! Respektieren Sie jedoch die Gewalt des Meeres. Wenn Sie Wellen haben, gilt es höchste Vorsicht zu wahren. Ich selber bin hier fast tödlich verunglückt!

Darüber hinaus lohnt es sich, hoch zum Leuchtturm zu fahren oder zu gehen. Auf jeden Fall im Abendlicht auch Richtung Westmänner-Inseln blicken. Je nachdem, laufen einem hier die Puffins (Papageitaucher) über die Füße. Zur Brutzeit ist die Zufahrt zum Leuchtturm gesperrt – von Anfang Mai bis Mitte Juni!

Auf jeden Fall sollten Sie sich ausreichend Zeit nehmen, dieses einzigartige Naturschauspiel wahrzunehmen! Wunderschöne Wellengischt auf schwarzem Lavasand … Nirgendwo sonst auf der Insel kann man dies so einfach erleben. Ist sehr beruhigend!

Und auf der Hin- oder Rückfahrt kann man hier bei Ebbe sogar übers Meer »gehen«!
   GPS: 63°24'39.7"N 19°07'40.5"W 63.411028, -19.127917

Meine Reiseroute führt weiter in Richtung Reykjavík. Und auf dem Weg dorthin kommen Sie zu dem
Flugzeugwrack Sólheimasandur:
   GPS: 63°27'33.2"N 19°21'53.0"W 63.459222, -19.364722

Ab hier sind es ca. 3,5 Kilometer bis zum Wrack.
GPS: 63°29'28.6"N 19°21'48.0"W 63.491278, -19.363333

An dieser Stelle sei bemerkt, dass ca. 98 Prozent aller Schönheiten der Insel im Privatbesitz sind. Dem jeweiligen Besitzer steht es frei, die Zufahrt abzusperren, was er je nach Jahreszeit tut. Auf dem Weg zum Flugzeugwrack kann man sich zudem sehr schnell festfahren, sogar im Sommer! Das Motiv wirkt im Morgenlicht zum Sonnenaufgang am besten. Oder auch nachts mit Polarlicht.

Tipp: Mit der Taschenlampe das Flugzeug aufhellen. Außerdem länger belichten und mit dem Licht wedeln. (>>> Seite 232)

Etwas weiter geht es in Richtung **Sólheimajökull:**
GPS: 63°31'57.3"N 19°22'14.2"W 63.532583, -19.370611

Er ist nicht der schönste Gletscher – lohnt sich nicht unbedingt, da gibt es im Süden noch wesentlich sehenswertere.

Unser nächstes Ziel ist der Wasserfall **Skógafoss.**
GPS: 63°31'50.2"N 19°30'46.0"W 63.530611, -19.512778

Von morgens bis zum frühen Nachmittag liegt er im Licht. Mit flachem Sonnenlicht bilden sich hier kreisrunde Regenbögen!

Gleichfalls ist eine kleine Wanderung oberhalb des Wasserfalls lohnend!

Man kann von dort eine Wanderung Richtung **Eyjafjallajökull** machen. Es gibt auch Wandertouren bis zur **Þórsmörk.** Von dort können Sie mit einem Bus wieder zurückfahren!

Etwa 35 Kilometer weiter liegt der **Seljalandsfoss:**
GPS: 63°36'57.8"N 19°59'32.2"W 63.616056, -19.992278

Ein beliebtes Ziel, aber nicht vor Mittag, besser im Abendlicht. Wenn man dahintergehen möchte, sollte man ein Regencape nicht vergessen. Im Winter ist der Wasserfall nicht begehbar, höchstens mit Eispickel – aber Vorsicht!
Im Herbst, bevor es eisig wird, kommt von hinten, mit Polarlicht, auch eine sehr schöne Stimmung auf.
Am besten mit Super-Weitwinkel – je weiter, desto besser!

Ca. 500 Meter weiter links am Campingplatz geht es zu dem Wasserfall **Gljúfrabúi.** Links am bzw. über den Bachlauf gelangen Sie ins Innere. Und wenn man im Sommer das passende Nachmittagslicht bekommt, entsteht ein Bild mit Regenbogen (>>> Seite 180). Ich habe es im Mai gegen 15 Uhr gemacht. Man sollte mehrere Trockentücher mitnehmen, Kamera mit Stativ unterm Regencape und immer nur kurz die Linse frei machen, dann klappt das. Ob mit oder ohne Kamera – auf jeden Fall ist es ein Naturerlebnis!
GPS: 63°37'15.4"N 19°59'12.6"W 63.620944, -19.986833

Luftbild

Wenn Sie der 249 noch ein bisschen weiter folgen, dann können Sie rechts den Berg hochfahren.

GPS: 63°37'02.2"N 19°58'36.7"W 63.617278, -19.976861

Eine geringe Anhöhe reicht schon, um den Gletscherauslauf im Abendlicht zu fotografieren. Weiterfahren lohnt sich nur mit einem »Super Jeep«. Von hier aus geht es auch zum Gipfel des **Eyjafjalla-jökull.** Tagestouren sind buchbar bei Ársæll Hauksson (Sæli) am Campingplatz oder unter www.southadventure.is.
Die 249 können Sie rein theoretisch bis zum Ende durchfahren, bis in die **Þórsmörk.** (>>> Seite 56)

Es kommen noch ein paar Wasserläufe, die mit einem guten Jeep befahrbar sind. Auf keinen Fall jedoch durch die **Krossá.** Wenn man Glück hat, gibt es eine Fußgängerbrücke und Sie können zum **Vulcano Huts** laufen.

GPS: 63°40'47.0"N 19°35'31.0"W 63.679722, -19.591944

Für Fotografen im Winter ein Muss – geht jedoch nur mit »Super Jeep«, buchbar auch bei Sæli. (>>> Seiten 22/58)

Man kann sogar im **Vulcano Huts** übernachten. Gut für Aufnahmen der Polarlichter und von Polarfüchsen, die übrigens handzahm sind! Hier finden Sie bereits das erste Eis-Cave. Am besten nach einem Schneesturm zu fotografieren, dann bekommen die schwarzen Steine eine feine Schneeschicht.

Ein bisschen weiter geht es zum **Stakkholtsgjá Canyon** – hier sollten Sie eine Wanderung unternehmen!

GPS: 63°40'31.3"N 19°33'30.6"W 63.675361, -19.558500

Ein Stück weiter kommt ein Campingplatz: Von hier können Sie auch hoch zum **Eyjafjallajökull** wandern!

GPS: 63°40'40.5"N 19°28'57.6"W 63.677917, -19.482667

Wer gut zu Fuß ist, sollte hierhin gehen: Da ist eines der berühmtesten Fotos der Þórsmörk entstanden. Klettern ist allerdings angesagt! Ungefähr hier:

GPS: 63°40'44.0"N 19°24'51.6"W 63.678889, -19.414333

Zurück auf der 1, geht es dann die 254 Richtung Hafen für die Fähre zu den Westmänner-Inseln. Bei schlechtem Wetter und im Winter fährt die Fähre von Þorlákshöfn – sehr lange und schaukelig!
Auf jeden Fall sollte man im Abendlicht bis zum Parkplatz fahren. Man steht dort im guten Winkel zum Meer!

GPS: 63°31'49.5"N 20°07'13.9"W 63.530410, -20.120521

Fahren Sie die 254 etwas zurück, dann kommen Sie rechts über eine Mole zu einem der für mich beeindruckendsten Plätze – hier habe ich ein Naturwunder fotografiert!!!
Mein **Big Picture** – Süden: (>>> Seite 60)

GPS: 63°31'49.3"N 20°04'00.8"W 63.530361, -20.066889

Bei Winteranfang und im ersten Sonnenlicht, bei Minus 18 Grad, schwimmen die Eisschollen ins Meer und die Brandung erstarrt zu Eis, und somit entstand das für mich einzigArtige Naturschauspiel am dampfenden Meer.

Wenn die Mole nicht mehr befahrbar ist, kann man auch vom Hafen aus an der Küste entlang gehen.

Im Sommer habe ich hier Naturkunst fotografiert, allerdings nur mit der Drohne, es war Ende Mai an einem Vormittag. Für dieses Bild müssen die Voraussetzungen stimmen. Es darf nicht zu viel geregnet haben, sonst sehen Sie nur einen braunen Fluss. Dann sollte der Himmel blau sein.
Es lohnt sich, auch ohne Drohne mal dorthin zu gehen, denn hier können Sie Vogelschwärme auf dem schwarzen Lavasand mit den Westmänner-Inseln im Hintergrund fotografieren.

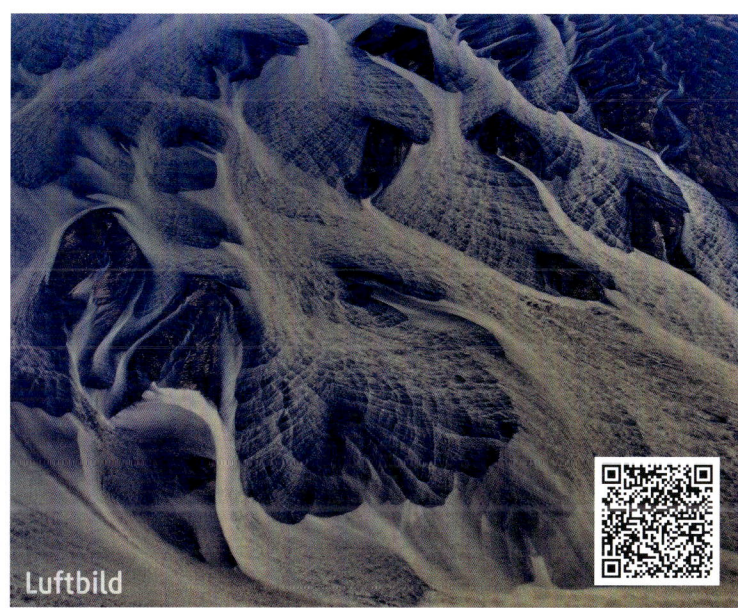
Luftbild

Die **Westmänner** lohnen sich auf jeden Fall. In der Hochsaison sollte man die Fähre zeitig buchen.

Lavafelder – Vulkangestein – Hafen – Golf – Küste – Museum

Sonnenaufgang:

GPS: 63°26'33.3"N 20°14'12.7"W 63.442583, -20.236861

Und etwas weiter: der Leuchtturm **Urðaviti:** (>>> Seite 62)

GPS: 63°26'11.2"N 20°13'40.5"W 63.436444, -20.227917

mit sehr schönen Vulkansteinstrukturen im Umfeld.

Nachmittags:

GPS: 63°23'58.3"N 20°17'21.0"W 63.399528, -20.289167

Abendlicht:

GPS: 63°24'15.0"N 20°17'02.9"W 63.404167, -20.284139

Schafe an der Küste:

GPS: 63°24'01.4"N 20°16'58.6"W 63.400389, -20.282944

Für mich der schönste Golfplatz Islands:

GPS: 63°26'11.8"N 20°17'51.6"W 63.436611, -20.297667

Fangnetz-Reparaturen:

GPS: 63°26'48.2"N 20°16'24.1"W 63.446722, -20.273361

Lupinen im Lavafeld mit Blick zum Eyjafjallajökull:

GPS: 63°26'33.0"N 20°14'46.5"W 63.442500, -20.246250

Sie fahren weiter über die 1 in Richtung Westen, oder auch über die F261 und die F210 nach Landmannalaugar – allerdings nur mit einem guten Jeep. Über die F210 geht es zum **Mælifell-Vulkanberg**, aber nur mit höchster **Vorsicht:** Sie erwartet eine sehr breite Wasserfahrt mit sandigem Untergrund. Ist nur bei Niedrigwasser ratsam – ansonsten ausschließlich mit einem »Super Jeep«! Bei starken Winden sollte man überhaupt nicht dorthin fahren – Lavasandstaub kann ein Auto »sandstrahlen«.

Wenn Sie Zeit haben, gönnen Sie sich einen Abstecher nach **Stokkseyri.** Dort gibt es außer den Lavafeldern im Meer (bei Ebbe) auch die Orgelwerkstatt von Björgvin Tómasson.

GPS: 63°50'09.8"N 21°03'55.2"W 63.836056, -21.065333

Seine Werkstatt ist ein kleines Museum, seine Mitarbeiter sind berühmte Musiker. Immer wieder veranstaltet er kleine kulturelle Veranstaltungen. Björgvin spricht perfekt deutsch – ein Besuch lohnt sich auch fotografisch. www.orgel.is. Sagen Sie ihm liebe Grüße von mir! Wenn hier ein Dorffest ist, kommt sogar ein Hubschrauber und landet am Steg (zweites Wochenende im Juli)!

Bei **Grindavik** liegen mehrere alte Schiffswracks.

GPS: 63°49'52.9"N 22°25'01.7"W 63.831361, -22.417139

Blaue Lagune – Südwest (>>> Seite 24)

GPS: 63°53'00.3"N 22°26'48.3"W 63.883417, -22.446750

Über die 417 geht es zum Meeting-Point von **Inside the Vulcano.**

GPS: 63°58'57.3"N 21°39'10.1"W 63.982583, -21.652806

Das ist ein absolut beeindruckendes Erlebnis. Nachdem man ca. drei Kilometer über ein Lavafeld gelaufen ist, wird man etwa 120 Meter in einer Magmablase hinabgelassen.

Man steht sozusagen im Mittelpunkt der Erde. Ist ausgeleuchtet – nur mit Stativ fotografieren. Die Tour sollten Sie ca. zwei Wochen vorher buchen.

www.insidethevolcano.com

Lavafeld vor **Reykjavík – Rauðhólar** (>>> Seite 235)

GPS: 64°05'40.0"N 21°44'49.4"W 64.094447, -21.747058

Reykjavík: (>>> Seite 10)

Abendlicht – Blaue Stunde: Harpa – Hallgrimskirkja – Perlan

Leuchtturm bei Ebbe im Abendlicht:
GPS: 64°09'45.1"N 22°00'49.1"W 64.162516, -22.013652

Wikingerschiff Sólfarið bis nachmittags – sehr früh morgens eventuell sogar frei von Touristen!

Kanadischer Graffiti:
GPS: 64°09'08.4"N 21°57'09.2"W 64.152333, -21.952556

Rostige Villa (ist bewohnt!): (Stand 2017)
GPS: 64°09'09.6"N 21°53'17.5"W 64.152667, -21.888194

Friedhof – hier stehen große Bäume mitten im Grab:
GPS: 64°07'28.9"N 21°54'32.3"W 64.124694, -21.908972

Imagine Peace Tower – nur mit Boot erreichbar. Im Winter ab dem Hafen an der Harpa:
GPS: 64°09'47.6"N 21°51'32.3"W 64.163222, -21.858972
Infos: www.imaginepeacetower.com

Großer Skulpturenpark Hallsteinsgarður im Abendlicht:
GPS: 64°09'10.6"N 21°48'05.3"W 64.152944, -21.801472

Containerhafen von »oben«
GPS: 64°08'48.0"N 21°51'06.3"W 64.146667, -21.851750

Lassen Sie sich treiben – seien Sie neugierig – gehen Sie doch mal ins Rathaus zum großen Islandmodell im Untergeschoss.

Imagine Peace Tower

Breiða-
fjörður

Fremri
Langey

Skarðsströnd

Borðeyri

Stykkishólmur

Brokey

Hvammsfjörður

Búðardalur

Hellissandur   Ólafsvík

Öndverðanes

Grundarfjörður

Snæfellsnes

Snæfells
jökull

Baula

Búðir

Malarrif

Hafursfjörður

Mýrar

Ok

Kaldidalur

Þóris-
jökull

Borgarnes

Hjörsey

Skjald-
breiður

Faxaflói

Borgarfjörður

Skarðsheiði

Akranes

Hvalfjörður

Esja

Þingvellir

REYKJAVÍK

Mosfellsheiði

Þingvalla-
vatn

Apavatn

Seltjarnarnes

Garðskagi

Álftanes

Mosfellsbær

Kópavogur

Tour 2: Westen – Snæfellsnes

Auf dem Weg Richtung Westen über die `1` kommt kurz nach Reykjavík rechts ein kleiner See, der im Herbst sehr schön daliegt: **Mógilsá**
    GPS: 64°12'27.4"N 21°42'40.8"W 64.207626, -21.711345

Fahren Sie danach nicht durch den Tunnel – biegen Sie vorher auf die `47` ab entlang der Küste:
Dort gibt es einen alten Anlegesteg aus dem Zweiten Weltkrieg:
    GPS: 64°21'50.2"N 21°29'46.6"W 64.363944, -21.496278

Sie müssen von der Straße aus hinunterlaufen. Respektieren Sie, dass er auf einem privaten Grundstück liegt! Wenn der Eigentümer mal da ist – netter Smalltalk funktioniert fast immer! Schönes Motiv, ab nachmittags bis zum Abendlicht … und eher bei Ebbe!

Weiter geht es an der Küste entlang. Hier gibt es die letzten Wellblechhütten der Marinesoldaten.
    GPS: 64°23'53.9"N 21°27'27.3"W 64.398306, -21.457583

Es folgt ein Hinweis auf **Glymur,** den zweithöchsten Wasserfall – wer Lust hat: Wandern ist angesagt, ca. zwei Stunden!
Sie können bereits von hier einen Abstecher nach **Akranes,** zum ältesten Leuchtturm Islands, machen.
    GPS: 64°18'31.6"N 22°05'40.5"W 64.308763, -22.094579

Oder Sie fahren rechts über die `50` weiter Richtung Westen und dann über die `518` zu den **Hraunfossar-Wasserfällen.**

GPS: 64°42'06.6"N 20°58'40.9"W 64.701833, -20.978028

Etwas weiter kommen Sie von hier

GPS: 64°42'48.5"N 20°50'00.8"W 64.713472, -20.833556

auf die `F550`, wo es Richtung **Langjökull,** zu den Eishöhlen, geht. Bis zum Basiscamp befahrbar – dann geht es mit Monstertrucks ca. 30 Minuten zur Eishöhle – nicht zu verwechseln mit einem Eis-Cave! Info: www.extremeiceland.is

Im Winter kann man hier am Flusslauf schöne Bilder machen!

Sie fahren zurück nach **Borgarnes** – und vor Borgarnes im Kreisel die `54` Richtung **Ólafsvík.**

Vorbei an den **Gerðuberg Cliffs** im Morgenlicht: (>>> Seite 66)

GPS: 64°51'44.4"N 22°21'17.2"W 64.862333, -22.354778

Und weiter im Morgenlicht auf der `54` die Südküste von der Snæfellsneshalbinsel entlang Richtung **Snæfellsjökull.** (>>> Seite 68)

Das nächste Ziel ist die berühmte kleine schwarze Kapelle **Búðakirkja.** Laufen Sie einmal um den Friedhof oder zum Strand, dieser ist hellsandig!

GPS: 64°49'18.7"N 23°23'05.0"W 64.821861, -23.384722

Und dann kommen Sie nach **Rauðfeldsgjá** (>>> Seite 70), den Ort, der Jules Verne zu seinem Roman »Reise zum Mittelpunkt der Erde« inspirierte.

GPS: 64°47'53.3"N 23°38'16.3"W 64.798139, -23.637861

Die `F570` können Sie bis zur Schneekante hochfahren. Von hier hat man einen schönen Blick auf die hellsandige Küste!

Arnarstapi ist ein kleiner Fischerort auf der Halbinsel Snæfellnes. Vom Hafen bietet sich ein schöner Blick Richtung Jökull (Gletscher)! Es gibt einen Weg entlang der Steilküste. Einer der Hotspots auf Island für Küstenseeschwalben. (>>> Seite 226)

Eine sehr gute Perspektive auf die Küste **Hellnar** haben Sie etwas weiter:

GPS: 64°44'59.9"N 23°38'44.4"W 64.749972, -23.645667

Bis ins frühe Abendlicht ist dies ein sehr guter Standpunkt! Man hat in alle Richtungen ein Motiv. Die **Northern Lights Cottages** sind beleuchtet und kommen nachts gut mit Jökull und Polarlicht.

GPS: 64°45'03.1"N 23°39'30.2"W 64.750861, -23.658389

Wenig später kommt das verlassene Haus **Dagverðará:**

GPS: 64°44'43.9"N 23°43'07.6"W 64.745528, -23.718778

Lóndrangar erreicht man beidseitig. Ich würde zum Leuchtturm fahren – kommt im Abendlicht besser. Hier hat man auch die schönen schwarzen Kieselsteine! (>>> Seite 72)

GPS: 64°43'49.7"N 23°48'13.2"W 64.730472, -23.803667

Etwas weiter habe ich das Bild rechts oben gemacht – dies erlebt man nur bei Ebbe und mit wenig Kieselsteinen.

GPS: 64°43'52.8"N 23°48'52.7"W 64.731333, -23.814639

Achtung: Bei großen Wellen schlägt die Gischt komplett über die Küste.

Djúpalónssandur: Hier liegen die Steine, mit denen man seine Kräfte messen kann! Zudem alte Wrackteile – bitte liegen lassen.

Achtung: Bitte darauf achten, ob und wie lange noch Ebbe ist. Auf keinen Fall bei starker Brandung – das ist tödlich!

Auch hier kann man Naturkunst erleben bzw. fotografieren!

GPS: 64°45'05.0"N 23°54'40.4"W 64.751389, -23.911222

Wenn Sie einen Vulkankrater besteigen möchten, können Sie das hier tun: **Hólahólar Crater.** Vorsicht, im Winter ist die Zufahrt nicht befahrbar – Schneeverwehungen!

GPS: 64°47'05.2"N 23°55'20.6"W 64.784778, -23.922389

Etwas weiter gibt es ein altes **Rétt** aus Steinen.

GPS: 64°48'29.4"N 23°58'06.1"W 64.808167, -23.968361

Danach lohnt sich der etwas holperige Weg an der Küste entlang zu **Skarðsvík Beach** – vor allem im Abendlicht.

GPS: 64°52'53.0"N 23°59'08.0"W 64.881389, -23.985556

Und wenn Sie weiterfahren, kommen Sie zu einem orangefarbenen Leuchtturm: **Svörtuloft Lighthouse** – mit sehr schöner Steilküste. Vorsicht!

GPS: 64°51'50.3"N 24°02'18.6"W 64.863972, -24.038500

Ein absolutes Muss zur Lupinenzeit ist die älteste Steinkirche des Landes: **Ingjaldshólskirkja** – vor allem im Abendlicht! (>>> Seite 74)

GPS: 64°54'44.6"N 23°51'55.5"W 64.912400, -23.865431
GPS: 64°54'40.6"N 23°51'02.2"W 64.911289, -23.850617

Ólafsvíkurkirkja

Und nicht nur in **Rif** sollten Sie mal in die Häfen schauen …
GPS: 64°55'04.9"N 23°48'43.4"W 64.918030, -23.812045

Ein interessantes Motiv stellt auch die Kirche **Ólafsvíkurkirkja** dar: Außergewöhnliche Architektur – alles dreieckig, ab neun Uhr geöffnet (Stand 2017). Lohnt sich.
GPS: 64°53'42.7"N 23°42'48.5"W 64.895194, -23.713472

Kirkjufell ist der Klassiker auf Island: Den »Vulkanberg« selber kann man hier bei Flut und ruhiger See mit Spiegelung, bei Ebbe mit mehr Strukturen, fotografieren. (>>> Seite 76)
GPS: 64°55'33.9"N 23°18'40.8"W 64.926083, -23.311333
GPS: 64°55'34.0"N 23°18'06.1"W 64.926111, -23.301694
GPS: 64°56'23.4"N 23°20'41.7"W 64.939833, -23.344917

Oder mit Schafen und Bauernhof:
GPS: 64°56'46.4"N 23°11'34.4"W 64.946222, -23.192889

Im Winter mit Polarlicht – der **Kirkjufellfoss** friert so zu, dass Sie drüber laufen können. Zu Beginn des Winters ist es noch schöner! Der **Kirkjufell** kommt zu jeder Tageszeit gut!

Etwas weiter an der Küste ist es vor allem im Winter und im »Morgenlicht« bei Ebbe sehr schön.
GPS: 64°57'45.2"N 23°06'02.6"W 64.962556, -23.100722

Im Winter zeichnen sich sehr schöne Strukturen in den Vulkanbergen ab:
GPS: 64°58'14.6"N 22°56'54.5"W 64.970722, -22.948472
Von hier aus geht es zum **Bjarnarhöfn Shark Museum.** Wenn Sie Eintritt bezahlen, »dürfen« Sie auch die kleine schwarze Kapelle fotografieren.
GPS: 64°59'52.5"N 22°57'47.2"W 64.997917, -22.963111

Alte Häuser und einen sehr schönen Hafen gibt es in **Stykkishólmur** – am stimmungsvollsten im Morgenlicht. Von hier geht die Fähre zu den Westfjorden.
GPS: 65°04'42.4"N 22°43'25.1"W 65.078448, -22.723642

Kurz vor dem Ort hat man hier einen guten Blick, nicht nur in den Fjord.
GPS: 65°01'43.0"N 22°45'50.4"W 65.028611, -22.764000

Danach können Sie über die 55 wieder in Richtung Reykjavík starten. Diese habe ich sogar im Winter geschafft!
64°55'04.2"N 22°14'15.8"W 64.917836, -22.237723

Sie können auch weiter an der Küste über die 54 fahren, und dann der 60 folgen. Die 590 ist nicht unbedingt ein Muss – die kann man links liegen lassen.

Straumnes

Horn

Aðalvík

Hornstrandir

Ritur

Jökulfirðir

Drangaskörð

Ísafjarðardjúp

Snæfjallaströnd

Drangajökull

Ófeigsfjörður

Bolungarvík

Ísafjörður

Gjögur

Önundarfjörður

Flateyri

Fjallaskagi

Æðey

Dýrafjörður

Langadalsfjall

Brimnes

Svalvogar

Þingeyri

Húnaflói

Arnarfjörður

Gláma

Blakknes

Hólmavík

Bjarnarnes

Tálknafjörður

Steingrímsfjörður

Drangsnes

Patreksfjörður

Bíldudalur

Húna-
fjörður

Patreks-
fjörður

Hóp

Látrabjarg

Barðaströnd

Hrútafjörður

Miðfjörður

Vatnsnes

Víðidalsfjall

Skáleyjar

Króksfjarðarnes

Hvammstangi

Flatey

Akureyjar

Skarðsströnd

B r e i ð a -

f j ö r ð u r

Fremri
Langey

Borðeyri

Stykkishólmur

Brokey

Hvammsfjörður

Búðardalur

Tour 3: Westfjorde

Über die 60 gelangen Sie zu dem nächsten großen Ziel – den West-fjorden.

Hier in dieser Region beträgt der Höhenunterschied von Ebbe und Flut bis zu sechs Meter!

Bei Ebbe sieht man an der Küste immer Felsstrukturen von Lava-feldern.

z. B. GPS: 65°26'58.0"N 21°54'35.8"W 65.449459, -21.909943

Über die 607 fahren Sie nach **Reykhólar** – und genießen im Mor-genlicht bei Ebbe die Küste mit den Lavafeldern: (>>> Seite 161)

GPS: 65°27'26.8"N 22°11'25.7"W 65.457444, -22.190472

Im Übrigen: Auch ein Paradies für Vogelfotografen! An der 60 ent-lang werden zudem die Heuballen liebevoll präsentiert.

Weiter über die 60 im Morgenlicht lohnt ein Stopp am **Vatnsdals-vatn** – besonders im Winter.

GPS: 65°35'24.2"N 23°07'42.9"W 65.590056, -23.128583

Anschließend haben Sie die Wahl, nach rechts über die 60 – oder die 62 weiter Richtung Küste weiterzufahren.

Beides eigentlich ein Muss!

Ich empfehle Ihnen die Weiterfahrt an der Küste, da der **Dynjandi Wasserfall** im Abendlicht besser wirkt.

Und bei Ebbe sehen Sie wieder Lavafelder an der Küste.

Auf dem Weg über die 612 kommt dann außerdem noch ein sehr schönes Schiffswrack.

GPS: 65°31'00.1"N 23°50'11.3"W 65.516694, -23.836472

Luftbild

Nächstes Highlight ist die **Rauðisandur,** die Sie über die 612 und dann die 614 erreichen. (>>> Seite 78)

Der größte und schönste helle Sandstrand Islands. Ungefähr zwölf Kilometer lang. Zu jeder Tageszeit schön!

Eigentlich sollten Sie ihn schon vom Pass aus fotografieren. Sie können außerdem die Sanddünen abwandern – halten Sie Aus-schau nach Robben.

Aber Vorsicht bei Ebbe vor der Flut! Ich bin im Winter einmal mit Schneeketten über den Pass gekommen – ich würde es nicht noch einmal machen!

GPS: 65°28'31.8"N 23°58'13.6"W 65.475500, -23.970444

Die Route zurück führt weiter auf der 612 – vorbei an dem Flugzeugmuseum **Hnjótur.**

GPS: 65°33'44.6"N 24°09'26.6"W 65.562389, -24.157389

Dann weiter bis **Látrabjarg** – das ist eine Landzunge der Halbinsel und zugleich einer der größten Vogelfelsen. Hier sollten Sie zum Abendlicht ankommen.

Die Puffins sind »Langschläfer«. **Vorsicht: Steilküste!**

GPS: 65°30'10.9"N 24°31'44.0"W 65.503028, -24.528889

Wer den weißesten Strand Islands erleben möchte, fährt anschließend weiter über die 615 – und erlebt die »Karibik« auf Island!

GPS: 65°37'12.1"N 24°18'58.5"W 65.620028, -24.316250

Im Winter führt die 62 nur nach **Patreksfjörður** – dann muss man die ganze Küstenstraße zurück!

Sie fahren auf der 63 bis zur anderen Seite des Fjordes. Hier geht es auch zu einer verlassenen Walfabrik. Die Häuser sind bewohnt – respektieren Sie die Privatsphäre!

GPS: 65°38'22.4"N 23°55'55.2"W 65.639556, -23.932000

Über die schöne Küstenstraße 619 führt die weitere Route nach **Selárdalur** zu dem Freilichtmuseum des Künstlers Samúel Jónsson.

GPS: 65°47'13.3"N 23°59'27.7"W 65.787028, -23.991028

Zurück über die 63, dann 60 kommen Sie zu einem der schönsten bzw. beeindruckendsten Wasserfälle: **Dynjandi**

GPS: 65°44'11.5"N 23°12'30.8"W 65.736528, -23.208556

Von morgens bis nachmittags sollten Sie im oberen Bereich und in den Fjord hineinfotografieren.

GPS: 65°44'02.3"N 23°09'53.0"W 65.733972, -23.164722

Ab dem sehr späten Nachmittag bis abends gegen 22 Uhr scheint das Licht auf den Wasserfall. Sie sollten auf jeden Fall hoch zum Fuße des Wasserfalls gehen. Hier erlebt man »Island hautnah«!

Luftbild

Vor allem gegen Mitternacht kommt der Fjord sehr schön (im Sommer)!

Weiter geht es über die 60 und an diesem Punkt können Sie zu einer der schönsten und zugleich abenteuerlichsten Küstenstraßen (622) abbiegen, wenn Sie einen Offroader haben.

GPS: 65°45'37.9"N 23°28'00.9"W 65.760528, -23.466917

Achtung: Nur bei Ebbe mit wenig Brandung befahrbar!

Danach können Sie auf eigene Gefahr auf der 622 komplett um die Halbinsel herumfahren. Wer nicht durchkommt, kann auch von der anderen Seite bis zur Spitze fahren – dort entfaltet sich im Abendlicht eine sehr schöne Küstenregion.

GPS: 65°54'52.4"N 23°50'13.6"W 65.914556, -23.837111

Hier, entlang der 622, liegen die schönen Fischertrockenhäuser. Vor allem im Sonnenuntergang zu empfehlen – doch Vorsicht: Es herrschen starke Fallböen!

GPS: 65°52'48.6"N 23°31'48.3"W 65.880167, -23.530083

Luftbild

Von der 624 aus haben Sie einen schönen Blick auf den Fjord **Dýrafjörður** – vor allem bei Ebbe! (>>> Seite 80)

GPS: 65°54'16.4"N 23°30'12.1"W 65.904556, -23.503361

Entlang der 624 weiter kommt ein kleiner »Garten Eden«: **Skrúður.**

GPS: 65°55'42.3"N 23°34'25.0"W 65.928415, -23.573615

Hier gibt es ein altes Gatter am Ufer.

GPS: 65°55'37.9"N 23°36'39.4"W 65.927194, -23.610944

Danach müssen Sie die 624 nicht unbedingt weiter durchfahren. Weiter auf der 60 – und im nächsten Tal rechts abbiegen auf die 627.

GPS: 65°59'19.9"N 23°25'11.1"W 65.988861, -23.419750

Am »Ende« liegt ein schöner »Berg« – und in der Gegenrichtung hat man einen schönen Blick in den Fjord!
Etwas weiter auf der 625 können Sie gut die Küste in den Vordergrund setzen!

GPS: 66°01'26.1"N 23°29'08.3"W 66.023917, -23.485639

Weiter auf der 64 Richtung **Flateyri** kommt »mein« verlassener Bauernhof. Grundsätzlich müssen Sie bei den verlassenen Bauernhöfen daran denken, dass diese immer noch jemandem gehören! Respektieren Sie das, da Sie sich immer auf privatem Grund bewegen!

GPS: 66°02'12.4"N 23°26'17.5"W 66.036778, -23.438194

Ein paar hundert Meter weiter links steht ein sehr schönes »Trockenfischgatter«.

GPS: 66°02'19.4"N 23°26'39.3"W 66.038722, -23.444250

Und noch etwas weiter steht noch ein Ziegelsteinkamin von einer alten Walfabrik.

GPS: 66°02'34.2"N 23°27'43.9"W 66.042833, -23.462194

Luftbild

Hinter **Flateyri** lohnt es sich, noch ein Stück an der Küste entlang zu fahren.

GPS: 66°03'51.2"N 23°32'36.6"W 66.064222, -23.543500

In **Suðureyri** gibt es zwar eines der besten Restaurants – fotografisch aber lohnt es sich nicht hierher!

In **Ísafjörður** legen große Kreuzfahrtschiffe an. Am ersten Wochenende im August findet zudem ein großes Schlammfußballturnier statt. Hier hängt im Übrigen auch wohl die schönste Stadtkarte Islands – von dem Künstler und Buchautor Smári in groß (siehe links). Er hat Reiseführer für Radfahrer geschrieben.

GPS: 66°04'31.1"N 23°07'17.1"W 66.075306, -23.121417

Weiter Richtung **Bolungarvík** kommen ein paar schöne bunte Häuser! In Bolungarvík ist das **Ósvör Museum** und ein Stück weiter steht ein orangefarbener Leuchtturm.

GPS: 66°09'01.2"N 23°12'53.1"W 66.150333, -23.214750

Sie können die 630 hochfahren zur »Latrar Air Station«: Rechts halten, dort haben Sie einen schönen Ausblick – mehr nicht!

GPS: 66°10'41.6"N 23°19'50.8"W 66.178222, -23.330778

Fahren Sie die 61 entlang, hier können Sie mit einem Fernglas Robben sehen – und eventuell Marmelade kaufen!

GPS: 65°59'41.6"N 22°49'05.9"W 65.994889, -22.818306

Wenig später kommt der »hohle Fels«.

GPS: 65°53'57.3"N 22°51'26.2"W 65.899250, -22.857278

Weiter geht es dann in eine der für mich schönsten Regionen innerhalb der Westfjorde.

Luftbild

Von **Hólmavík** aus fährt man im Morgenlicht die Küste über die 645, dann die 643 Richtung **Djúpavík.**
Hier können Sie sehr gute **Treibholzbilder** machen.

GPS: 65°44'49.8"N 21°21'51.4"W 65.747167, -21.364278

Oder den Flusslauf im Morgenlicht:
GPS: 65°46'53.0"N 21°30'38.5"W 65.781389, -21.510694

Ebenso dieser kleine Wasserfall – im Winter sehr schön vereist:
GPS: 65°49'15.0"N 21°18'50.1"W 65.820833, -21.313917

Ziel sollte auf jeden Fall **Djúpavík** sein:
GPS: 65°56'38.4"N 21°33'24.8"W 65.944000, -21.556889

Dort gibt es eine alte Heringsfabrik: Fragen Sie im Hotel nach, wann geöffnet wird. Ein Paradies für einen Fotografen! Im Sommer gibt es Ausstellungen. Sie können in die alten Tanks hinein

krabbeln. Auch im Winter ist das Ziel erreichbar – dann aber nur mit Spikes!
Auf der 643 vor **Árnes** kommt ein kleiner See. (>>> Seite 82)
GPS: 66°00'45.8"N 21°24'23.4"W 66.012722, -21.406500

Hier an der Küste habe ich **Algen fressende Schafe** fotografiert.
GPS: 66°01'39.8"N 21°32'43.6"W 66.027722, -21.545444

Über die 649 kommt man zu einer alten Heringsfabrik mit einem wunderschönen Blick in den Fjord **Ingólfsfjörður!** (>>> Seite 84)
GPS: 66°01'22.8"N 21°37'55.8"W 66.022997, -21.632154

Luftbild

Djúpavik

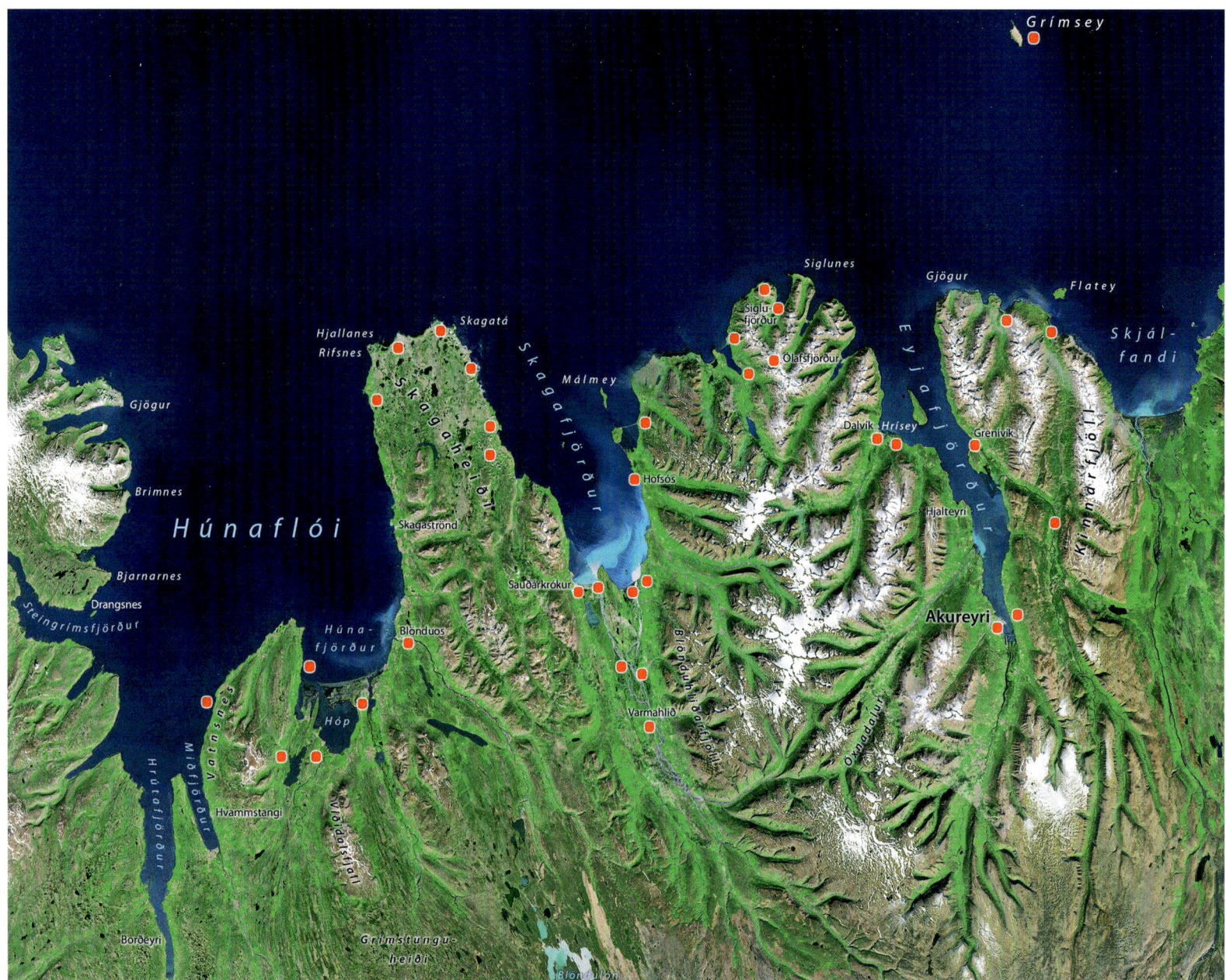

Grímsey

Siglunes

Siglu-
fjörður

Ólafsfjörður

Gjögur

Flatey

Skjál-
fandi

E y j a f j ö r ð u r

Hjallanes
Rifsnes

Skagatá

S
k
a
g
a
h
e
i
ð
i

Málmey

S
k
a
g
a
f
j
ö
r
ð
u
r

Dalvík

Hrísey

Grenivík

K
r
ö
n
n
a
r
f
j
ö
r
ð
u
r

Gjögur

Brimnes

Húnaflói

Skagaströnd

Hofsós

Hjalteyri

Bjarnarnes

Drangsnes

Steingrímsfjörður

Sauðárkrókur

Akureyri

Húna-
fjörður

Blönduós

B
l
ö
n
d
u
h
l
í
ð

ð
a
l
s
f
j
ö
l
l

V
a
n
s
n
e
s

Hóp

Varmahlíð

Ö
x
n
a
d
a
l
u
r

M
i
ð
f
j
ö
r
ð
u
r

H
r
ú
t
a
f
j
ö
r
ð
u
r

V
í
ð
i
d
a
l
s
f
j
a
l
l

Hvammstangi

Borðeyri

G r í m s t u n g u -
h e i ð i

Blöndulón

200

Tour 4: Nordwest

Luftbild

Luftbild

Die 61 führt Sie nun weiter Richtung Norden. Von hier haben Sie über die Küste hinweg einen schönen Blick nach **Hólmavík.** Kommt auch bei Polarlicht und ruhiger See gut.

GPS: 65°41'24.2"N 21°41'25.7"W 65.690056, -21.690472

Weiter geht es auf der 68 an der Küste entlang. Zieht sich etwas. Dann ist ein Linksabbiegen auf die 72 Richtung **Hvammstangi** empfohlen. Weiterfahrt über die 711. Hier liegt meines Erachtens Islands schönstes **Rétt: Hamarsrétt.**
Anfang September ist dort traditioneller Schafabtrieb. Ein Riesen-spektakel für jung und alt. (>>> Seite 86)

GPS: 65°31'34.9"N 20°57'54.5"W 65.526359, -20.965154

Sie können und sollten die Halbinsel umfahren. Vom Hamarsrétt ist es der kürzere Weg zum »Drei-Zack« **Hvítserkur.**
Wenn man hier die Ebbe erwischt, mit dem niedrigsten Stand, kann man sogar dahinter laufen. Ist schön vom Morgenlicht bis

nachmittags. Aber natürlich auch sehr fotogen bei Polarlicht – Gummistiefel nicht vergessen!

GPS: 65°36'21.6"N 20°38'10.8"W 65.606013, -20.636327

Luftbild

Etwas weiter an der 711 liegt ein sehr schönes »Natur«-**Rétt,** wo Mitte September die Pferde ins **Rétt** getrieben werden.

GPS: 65°29'50.5"N 20°41'47.0"W 65.497361, -20.696389

Danach kehren Sie »zurück« über die 717 nach
Borgarvirki – Nordwest. (>>> Seite 88)
GPS: 65°28'27.3"N 20°35'48.2"W 65.474239, -20.596720

Und schließlich geht es weiter über die 716 zur 1 – dann links Richtung **Blönduós.** Hier gibt es eine Kirche mit einer sehr schönen Orgel von Björgvin Tómasson.
Vorher geht es links auf die 721 zur **Þingeyrarklausturskirkja** – einer Steinkirche, die zahlreiche Kunstschätze birgt.
GPS: 65°33'16.9"N 20°24'18.3"W 65.554694, -20.405083

Hinter Blönduós fahren Sie weiter auf der 74 entlang der Küste.
Hier steht ein **Leuchtturm mit typischer Basaltküste.**
GPS: 66°01'04.5"N 20°25'39.4"W 66.017917, -20.427611

Luftbild

Weitere schöne Motive bieten sich entlang der 745 – der Blick auf die Küste im Abendlicht lohnt sich:
GPS: 66°04'38.5"N 20°21'06.0"W 66.077361, -20.351667

Eine Küstenregion mit Wasserfall ins Meer:
GPS: 66°01'44.5"N 20°00'22.9"W 66.029039, -20.006360

Orchideen und Wollgräser am Wegesrand:
GPS: 65°56'12.5"N 19°55'39.6"W 65.936797, -19.927668

Eine alte Tankstelle:
GPS: 65°55'45.9"N 19°55'14.9"W 65.929422, -19.920804

Tipp: In **Sauðárkrókur** kann man Schaffelle direkt bei der Gerberei kaufen. GPS: 65°44'33.7"N 19°38'05.6"W 65.742694, -19.634889

Weiter auf der 75 können Sie hier eine sehr schöne Strandküste mit Gräsern fotografieren.
GPS: 65°44'49.3"N 19°33'36.0"W 65.747023, -19.560011

Auch der Flussauslauf im Abendlicht ist sehr schön.
GPS: 65°44'08.8"N 19°23'56.4"W 65.735778, -19.399000

Typische isländische Gebäude finden sich in **Byggðasafn Skagfirðinga – Glaumbær.**
Zu empfehlen aber nur frühmorgens oder spätabends – wegen der vielen Besucher.
GPS: 65°36'40.5"N 19°30'20.6"W 65.611250, -19.505722

Das gleiche gilt auch für die **Víðimýrarkirkja:**
GPS: 65°32'19.8"N 19°28'13.2"W 65.538833, -19.470333

Ein weiteres Motiv bildet der Flusslauf mit Strohballen im Abendlicht:
GPS: 65°33'14.2"N 19°26'25.4"W 65.553944, -19.440389

Die Fahrt geht weiter auf der 76 Richtung **Hofsós.**
GPS: 65°53'56.4"N 19°25'00.4"W 65.899000, -19.416778

Und auf der 76 bis zur Küstenbucht.
GPS: 65°58'52.0"N 19°24'56.4"W 65.981111, -19.415667

Weiter bis zu einem weiteren orangefarbenen Leuchtturm.
GPS: 66°11'01.9"N 18°56'55.6"W 66.183861, -18.948778

In **Siglufjörður** gibt es ein Kameramuseum:
GPS: 66°09'06.3"N 18°54'13.6"W 66.151750, -18.903778

Sowie den aus meiner Sicht besten Bäcker Islands: **Aðalbakarí.**
GPS: 66°09'01.8"N 18°54'27.9"W 66.150500, -18.907750

Sehr schön ist die bunte Hafenstraße mit dem Restaurant »Hannes Boy«. Ein Muss ist das **Heringsmuseum.**

Tipp: Fragen Sie, wann eine »Heringsshow« präsentiert wird – und seien Sie 20 Minuten vorher da, dann können Sie aus der ersten Reihe fotografieren!

Wenn Sie die 82 rechts abbiegen, entdecken Sie schöne Moosfelder.
GPS: 65°58'20.4"N 18°48'47.7"W 65.972333, -18.813250

Auf dem Weg über die 82 nach **Dalvík** kommt ein Wasserfall, der ins Meer stürzt!
GPS: 65°59'50.9"N 18°31'52.6"W 65.997471, -18.531291

Luftbild

Von **Dalvík** startet die Fähre nach **Grímsey** – auf die Vogelinsel (Puffins). Für Vogelliebhaber lohnt es sich für drei Tage!
Die Fähre sollten Sie buchen, da nur drei Autos Platz haben. Sie können aber auch fliegen.
www.akureyri.is/grimsey-en/getting-there

Grímsey liegt übrigens direkt auf dem **Polarkreis.**
GPS: 66°31'40.8"N 17°58'56.4"W 66.527987, -17.982332

Luftbild

Roter Bauernhof:
    GPS: 65°56'54.9"N 18°28'39.7"W 65.948583, -18.477694

Im Hafen von **Akureyri** habe ich den Stuhl gefunden und damit mein Kunstprojekt begonnen. Zu den vielen Museen und bunten Häusern lohnen folgende Motive:

Botanical Garden Akureyri:
    GPS: 65°40'28.1"N 18°05'34.8"W 65.674472, -18.093000

Treppenlauf am Geschäftswochenende im Juli/August mit »großer« Kirmes:
    GPS: 65°40'49.2"N 18°05'25.2"W 65.680333, -18.090333

Der große Mann am Museum Safnasafnið:
    GPS: 65°44'55.4"N 18°04'30.6"W 65.748722, -18.075167

Und Richtung Grenivík die Laufáskirkja:
    GPS: 65°53'36.9"N 18°04'20.8"W 65.893586, -18.072441

In Grenivík hat man zudem einen schönen Blick in den Fjord:
    GPS: 65°56'37.5"N 18°11'35.1"W 65.943750, -18.193083

Entlang der F839 sollten Sie vorsichtig sein – es gibt kleine, nicht einsehbare Bachläufe mit dicken Steinen!
    GPS: 66°08'25.0"N 18°04'00.3"W 66.140284, -18.066740

Die F899 stellt mit einem guten Jeep kein Problem dar – nur an der Küste ist ebenfalls Vorsicht geboten: Sand!
    GPS: 66°07'00.0"N 17°53'22.3"W 66.116676, -17.889537

Die 835 ist im Herbst sehr schön.
    GPS: 65°48'38.2"N 17°53'38.8"W 65.810601, -17.894097

Über die 1 und die 85 geht es schließlich weiter Richtung **Húsavík** oder weiter in die Region **Mývatn** (>>> Seiten 207/219). Nach der 85 kommt im Verlauf die 851 – diese Strecke lohnt sich aber nicht!

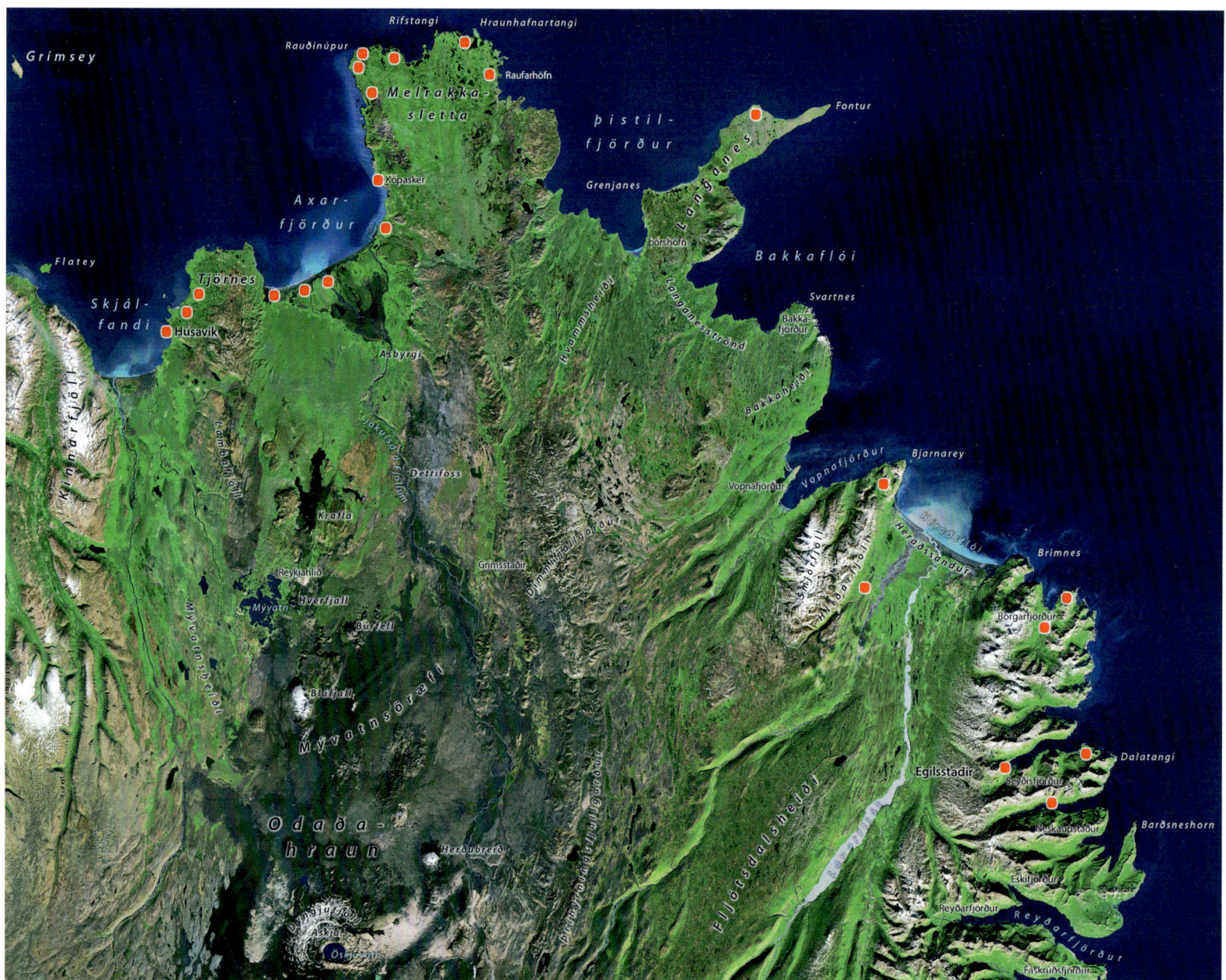

Grímsey

Rifstangi   Hraunhafnartangi
Rauðinúpur
                                    Raufarhöfn

M e l r a k k a -
        s l e t t a
                                        Fontur
                          þ i s t i l -
                          f j ö r ð u r
        Kópasker
                          Grenjanes
A x a r -
f j ö r ð u r   B a k k a f l ó i

Flatey   Svartnes
                Tjörnes   Bakka
S k j á l -   Langanesströnd   fjörður
f a n d i
        Húsavik
                    Ásbyrgi   Bjarnarey
                                                    Vopnafjörður
                                    Vopnafjörður
                                                              Brimnes
            Dettifoss
Krafla   Borgarfjörður
    Grímsstaðir
Reykjahlíð
Mývatn   Hverfjall
        Búrfell
    Blafjall   Dalatangi
                                        Egilsstaðir
M ý v a t n s ö r æ f i   Seyðisfjörður
                                                          Barðsneshorn
                                        Neskaupstaður
O d a ð a -
  h r a u n   Eskifjörður
    Herðubreið   Reyðarfjörður   R e y ð a r f j ö r ð u r

Askja
Öskjuvatn   Fáskrúðsfjörður

Tour 5: Norden

Vor **Húsavík** biegen Sie links ab – und sehen ein altes Stockfisch-gatter.

    GPS: 66°01'36.7"N 17°21'38.0"W 66.026861, -17.360556

Eine Augenweide ist der Lupinenberg auf Island.

    GPS: 66°02'46.6"N 17°18'09.3"W 66.046278, -17.302583

Die Lupinen blühen im Gipfelbereich noch bis September. Es lohnt sich, mit Blick auf die Küste zum Abendlicht auf dem Berg zu bleiben.

Weiter geht es auf der 85 – wo Sie die schönsten Pferde an der Küste fotografieren können (>>> Seite 90).

    GPS: 66°05'46.9"N 17°18'03.3"W 66.096361, -17.300917

Ein verlassener Bauernhof mit Blick auf die Küste:

    GPS: 66°07'12.8"N 17°15'00.8"W 66.120222, -17.250222

An der Küste gibt es zu jeder Jahreszeit Gräser am schwarzen Lavastrand und direkt am Wegesrand:

    GPS: 66°07'17.2"N 16°56'04.5"W 66.121444, -16.934583

Das Gelbe Haus gehört zum **Mánárbakki Museum.**

    GPS: 66°11'57.4"N 17°06'12.4"W 66.199278, -17.103444

Großes Rétt:
GPS: 66°04'06.8"N 16°39'29.5"W 66.068556, -16.658194

Nun haben Sie die Wahl: fahren Sie weiter nach Norden oder Richtung **Mývatn,** dem viertgrößten See der Insel (>>> Tour 7, Seite 219). Wenn möglich, sollten Sie immer im Uhrzeigersinn mit der Sonne fahren!

Weiter Richtung Norden entlang der 85 lohnt sich immer mal wieder am Flussauslauf ein Stopp – es gibt dort sehr schöne Strukturen.

Von hier haben Sie einen guten Blick auf den Auslauf der **Jökulsá.** Sowohl am Morgen als auch im Abendlicht. (>>> Seite 92)
GPS: 66°12'48.8"N 16°27'50.6"W 66.213556, -16.464056

Dann folgen Sie der 870. Hier am See in **Kópasker** sollten die Vogelscheuchen einer isländischen Künstlerin stehen. (>>> Seite 94)
GPS: 66°18'00.7"N 16°26'15.6"W 66.300199, -16.437676

Und ein bisschen weiter auf der rechten Seite gibt es einen kunstvollen Schrottplatz.
GPS: 66°18'29.7"N 16°25'58.4"W 66.308250, -16.432889

Von hier können Sie hinunter zur Küste gehen – im Winter jedoch nicht, wegen möglicher Schneeverwehungen. Vorsicht!
GPS: 66°22'53.9"N 16°30'30.2"W 66.381639, -16.508389

Danach wäre der Vogelfelsen **Rauðinúpur** ein lohnendes Ziel. Der Weg führt allerdings öfters über Privatbesitz. Hier gibt es schönes Treibholz.

GPS: 66°28'31.7"N 16°33'31.9"W 66.475472, -16.558861

Ich empfehle zudem die nächste Möglichkeit:

GPS: 66°26'42.4"N 16°28'07.6"W 66.445111, -16.468778

Von hier können Sie gleichfalls Richtung Vogelfelsen gehen. Wer gerne Steine fotografiert, kann je nach Brandung unten entlanglaufen. Aber auch hier ist Vorsicht geboten – und gutes Schuhwerk ratsam!

GPS: 66°30'25.1"N 16°30'08.7"W 66.506972, -16.502417

Der Weg führt weiter über die 870 . Hier an der Küste können Sie **bei Ebbe** sowohl im Sommer als auch im Winter sehr schöne Bilder machen.

Ein verlassener Bauernhof:

GPS: 66°29'57.4"N 15°57'52.8"W 66.499278, -15.964667

Kurz vor **Raufarhöfn** liegt **The Arctic Henge Heimskautsgerðið** – der magische Steinkreis.
Kommt zu jeder Tageszeit gut: Ein Hotspot für Polarlichter!

GPS: 66°27'43.7"N 15°57'43.8"W 66.462146, -15.962153

Weiter über die 85 Richtung **Þórshöfn,** und danach über die 869 fahren Sie in Richtung **Vogelfels der Basstölpel.**
Der Weg zieht sich etwas bis zur Vogelliebhaber-Plattform. Und Vorsicht, die Grasküste ist an der Kante hohl, es besteht Absturzgefahr. Zudem sind die Felssteine extrem locker. Ich bin hier fast abgestürzt!
GPS: 66°23'09.1"N 14°51'13.0"W 66.385861, -14.853611

Eine Weiterfahrt lohnt sich nicht unbedingt! Stattdessen lieber zurück über die 85 auf die 917. Eine Passstraße, von der aus Sie von beiden Seiten einen sehr schönen Blick auf die Küste von oben haben! Weiter auf der 917 kommt ein kleiner privater Schrottplatz – sehr fotogen sind auch die Briefkästen! (>>> Seite 9)
GPS: 65°28'10.7"N 14°35'18.2"W 65.469639, -14.588389

Nun kann man Zickzack über die 925 – 944 auf die 94 oder über **Egilsstaðir** weiterfahren.
Am Ende der 94 kommt die Puffin-Insel **Borgarfjarðarhöfn.**
Weitere Vogelplätze: (>>> Seite 226)
GPS: 65°32'29.1"N 13°45'10.7"W 65.541417, -13.752972

Schon am Anfang der F 946 kommen schöne Vulkanberge. Die F 946 ist eine Sackgasse, hier gibt es sogar ein zweites Húsavík – ist jedoch meist nicht befahrbar! Ich bin bisher nicht durchgekommen! Aber es muss ja auch Gründe geben, wieder zu kommen …!

Seyðisfjörður: Hier kommt die Fähre an. Sie können die Küste weiter nach **Skálanes** fahren – mit Vogelbrutstätten und etwas skurril.
GPS: 65°17'37.7"N 13°42'22.0"W 65.293806, -13.706111

Achtung: zwei kleine unscheinbare Bachfahrten können nach Regen zur Wasserfalle werden. Nur mit starkem Jeep empfohlen!

Die 953 führt zu einem Schiffswrack.
GPS: 65°11'49.4"N 13°57'43.8"W 65.197062, -13.962179

Wer viel Zeit hat, kann die Fjorde auch einzeln umfahren! Ist aber nicht unbedingt ein Muss. Im Sommer geht es auch über die Passstraße 939 – steil, aber sehr schön!

Privater Schrottplatz an der 917

Tour 6: Osten

Die ① führt weiter an der Küste Richtung **Djúpivogur** – hier liegen die »Steineier«, künstlerische Nachbildungen der Eier von 34 in der Umgebung nistenden Vögel.

GPS: 64°39'42.4"N 14°17'41.5"W 64.661778, -14.294861

Ab hier, entlang der Küste, sollten Sie die Augen aufhalten – es gibt Rentiere zu sehen.
Weiter geht es an der Küste entlang vorbei am **Tófuhorn** bis zum Leuchtturm **Hvalsnes Lighthouse** – von hier haben Sie einen sehr schönen Blick auf den schwarzen Strand. (>>> Seite 96)

GPS: 64°24'12.4"N 14°32'24.8"W 64.403444, -14.540222
Für Vogelliebhaber interessant: Im September ist dies der Sammelplatz der Singschwäne!!!

Die 980 lohnt sich allerdings nur maximal bis zum Flussbett!

GPS: 64°25'53.5"N 14°58'23.8"W 64.431528, -14.973278

Papós (>>> Seite 98)

GPS: 64°19'39.6"N 14°55'16.1"W 64.327667, -14.921139

Achtung: Sie können nur im »trockenen« Sommer hierher fahren – und im Winter, wenn es gefroren ist. Sonst fahren Sie sich fest!

Etwas weiter können Sie in Richtung der Landzunge **Stokksnes** wandern.

GPS: 64°17'42.1"N 14°57'28.7"W 64.295028, -14.957972

Stokksnes ist eine der schönsten Küstenregionen Islands (nach dem Tunnel links Richtung Viking Café – von Osten kommend)! Hier finden sich Motive rund um die Uhr. Das beste Licht hat man morgens zum Sonnenaufgang. Aber auch abends sowie im Winter, und nachts natürlich bei Polarlicht. Bei Ebbe sieht man mehr Strukturen.

Tipp: Laufen Sie sich nicht mit Ihren eigenen Spuren in Ihr Motiv – passiert besonders schnell im Winter! (>>> Seiten 14/16)
GPS: 64°14'38.9"N 14°58'16.7"W 64.244139, -14.971306

Außerdem sollten Sie, um Ärger zu vermeiden, am Viking Café einen Obolus bezahlen!
Um das finale Motiv zu bekommen, fahren Sie durch bis zur Schranke, und halten sich dann Richtung Küste rechts, damit das »Horn« auch mit aufs Bild kommt!

Achtung: Wenn es windig wird – der feine Lavasand kann gefährlich werden für Körper und Kamera!

Tipp: Im Morgenlicht sollten Sie auch mal hinunter zum Strand gehen! Hier können Sie sehr schöne Bilder von der Wellengischt machen. Achten Sie aber auf die Linie – und lösen Sie erst aus, wenn die Gischt den höchsten Punkt hat! Hier sieht man rechts auch das Horn.

Wenn Sie weiter Richtung Horn gehen, kommen noch ein paar Mauerreste der Natostation. Ist aber nicht unbedingt ein Muss!

Besonders eindrucksvolle Wellenbilder können Sie hier machen, wenn die Brandung stark ist. (>>> Seite 178)
GPS: 64°14'21.2"N 14°58'37.9"W 64.239222, -14.977194

Anschließend geht es weiter auf der 1 Richtung Reykjavík – zu den Gletschern. Der am besten erreichbare ist der **Fláajökull:** (>>> Seite 100)
GPS: 64°19'24.7"N 15°33'36.8"W 64.323528, -15.560222

Der **Heinabergsjökull** ist ebenfalls gut anzufahren – noch viel besser erreichbar werden die Gletscher Richtung Süden.
Die F985 führt hoch zum Gletscher, aber nur wenn kein Schnee mehr liegt. Schon nach der ersten Steigung hat man einen schönen Blick auf die Küste im Morgenlicht. (>>> Seite 102)
Eine sehr schöne und steile Fahrt. Ein bisschen weiter bis zu den Seen sollten Sie kommen, wenn kein Schnee liegt. Fahren, soweit man kommt! Ansonsten mit einem »Super Jeep«! Ganz oben auf dem Gletscher werden Skidoo-Fahrten angeboten.
GPS: 64°14'03.7"N 15°46'57.8"W 64.234353, -15.782725

Hier gibt es ein »Büchermuseum«: **The Thórbergur Center**
GPS: 64°07'47.6"N 16°01'01.5"W 64.129889, -16.017083

Die nächste Station ist der **Jökulsárlón – Glacier Lagoon.**
Der See ist der bekannteste Gletschersee Islands. Hier sollten Sie sich wirklich Zeit nehmen! Im Takt der Gezeiten ist er im ständigen Wandel.
Frühmorgens und spätabends zeigen sich der Gletscher wie auch das Eis am Strand besser. Es kann passieren, dass Sie nur ein paar kleine Eisstücke am Strand sehen – und schon am nächsten Tag können es haushohe Eisberge sein. Im flachen Licht fängt das Eis am Strand an zu leuchten.

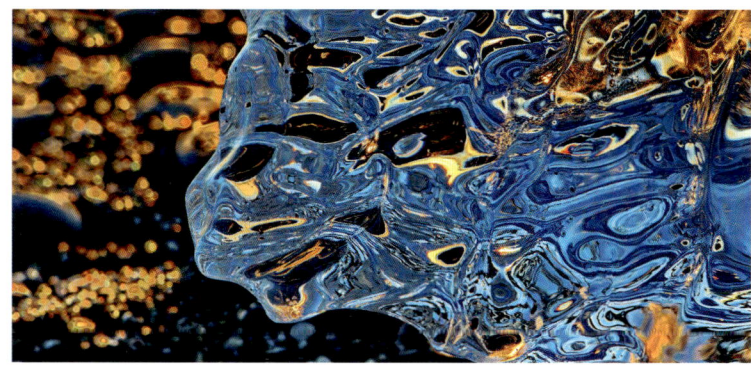

Tipp: Kurz vor der blauen Stunde mit etwas längerer Belichtung und eventuell mit Graufilter fotografieren. Das Eis ist im Übrigen auch ein Paradies für Makrofotografen!

Aber Vorsicht vor den Gezeiten – hier kann man auch schnell nass werden! Gummistiefel sind anzuraten!

Im August gibt es hier ein großes Feuerwerk – den besten Blick darauf hat man von hier:

    GPS: 64°02'47.1"N 16°11'00.2"W 64.046417, -16.183389

Das gleiche gilt auch im Winter im Hinblick auf das Polarlicht!

Zu den Icecaves: Hier am **Jökulsárlón** finden sich die meistgebuchten Caves – man hat fast keine Chance, »gute« Bilder zu machen, vor lauter Besuchern. Hier kommen die Gruppen im 15-Minuten-Takt!

Tipp: Suchen Sie sich einen individuellen Guide und fahren Sie in einen weniger besuchten Cave. Am besten nachfragen bei der Info oder einen »Super Jeep«-Fahrer ansprechen! Im Winter fahren Sie nur mit »Super Jeeps« zu den Caves, ca. sechs Kilometer.

Einen direkten Weg zur Gletscherkante gibt es nicht! Der See hat eine Fläche von ca. 18 Quadratkilometern und ist Islands tiefster See mit 248 Metern. Zum Vergleich: 1975 waren es lediglich acht Quadratkilometer – eine Folge der Eisschmelze! (>>> Seite 104)

Der **Fjallsárlón** kann im Morgenlicht mit Eis sehr schön kommen – aber er hat nicht immer Eis! Im Sommer können Ihnen früh morgens Schafe am Gletschersee begegnen.
Sie können und sollten es auch von der anderen Seite aus versuchen. Im Winter sollten Sie laufen!

    GPS: 64°00'53.7"N 16°22'13.1"W 64.014917, -16.370306
    GPS: 64°00'40.2"N 16°23'02.1"W 64.011167, -16.383917

Der nächste Gletscher, **Kvíamýrarkambur** – vom Parkplatz aus gehen Sie ca. zehn Minuten bis zum See – lohnt sich im Morgenlicht! (>>> Seite 106)

GPS: 63°56'21.5"N 16°26'22.0"W 63.939306, -16.439444

Der mit am schönsten und am einfachsten erreichbare Gletscher ist der **Svínafellsjökull.** (>>> Seite 108)

GPS: 64°00'30.3"N 16°52'48.6"W 64.008417, -16.880167

Achtung: Kommen Sie ihm nicht zu nahe – es besteht Absturzgefahr!!!

Zur Lupinenzeit kann es hier ungemein fotogen werden:

GPS: 63°59'10.5"N 16°52'56.9"W 63.986250, -16.882472

Skaftafell: Bis hierhin lohnt es sich, die etwa zwei Kilometer zu laufen – im Winter ein Muss. Sie können bis zur Gletscherkante gehen. (>>> Seite 18)

GPS: 64°01'30.4"N 16°56'16.7"W 64.025111, -16.937972

Svartifoss: Auch dorthin müssen Sie wandern. Es sollte vorher ein paar Tage geregnet haben!

GPS: 64°01'36.6"N 16°58'30.5"W 64.026833, -16.975139

Und wenn Sie noch ein Stück weitergehen, haben Sie einen sehr schönen Blick von oben auf den Gletscher.

GPS: 64°01'50.5"N 16°56'17.9"W 64.030694, -16.938306

Der wohl größte und längste (ca. 16 Kilometer) Gletscherauslauf **Skeiðarársandur** (>>> Seite 110) liegt hier. Das geht jedoch nur mit Flugzeug oder Hubschrauber. Auch über die 204 kommt man nicht nah genug dran – ich habe alles versucht!

Fjaðrárgljúfur ist der wohl schönste Canyon: (>>> Seite 112)

GPS: 63°46'16.1"N 18°10'17.1"W 63.771139, -18.171417

Auf jeden Fall lohnt es sich, zum hinteren Bereich zu Fuß zu gehen. Oder mit dem Wagen – bis hierhin geht es:

GPS: 63°46'45.9"N 18°10'06.1"W 63.779417, -18.168361

Danach führt Sie die Fahrt weiter zum **Laki-Krater** – über die F 206, **bei höchster Vorsicht!**
Es folgen zwei extreme Wasserfahrten. Halten Sie sich an die Hinweisschilder (siehe rechts), sonst können Sie mit Ihrem Wagen tatsächlich »ertrinken«. 45 Kilometer offroad!

Die **Laki-Landschaft** zählt zu einer der schönsten Vulkanlandschaften – und gehört zum Nationalpark. Neben der berühmten Laki-Spalte gibt es viele Vulkanseen und besondere Moosfelder im schwarzen Lavasand.
Ab hier wird es etwas holprig und sandig, über eine weitere Wasserfahrt kommen Sie im Abendlicht auf die 207 zurück.
(>>> Seite 114)

GPS: 64°02'29.6"N 18°18'35.5"W 64.041542, -18.309866

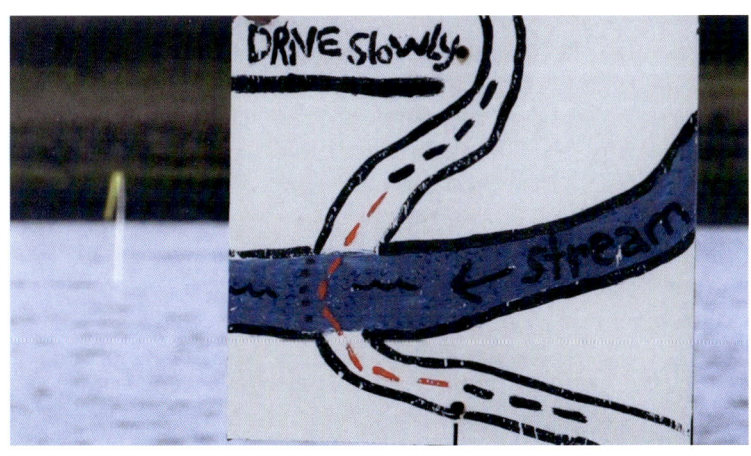

An der 1 entlang durchfahren Sie dann die bekannten Moosfelder **Eldhraun** und **Brunahraun.**

Bitte nicht über die Moose laufen – Wege sind genügend vorhanden. Es gibt Moosarten, die im Jahr nur einen Millimeter wachsen. (>>> Seite 116)

GPS: 63°52'22.8"N 17°47'00.6"W 63.873012, -17.783490

Von hier können Sie abbiegen in Richtung Küste

GPS: 63°32'41.6"N 18°27'05.9"W 63.544889, -18.451639

Dieser Weg führt bis zur Küste zu einem Leuchtturm am Gletscherauslauf (Alviðruhamarsviti): (>>> Seite 118)

GPS: 63°27'19.3"N 18°18'31.6"W 63.455361, -18.308778

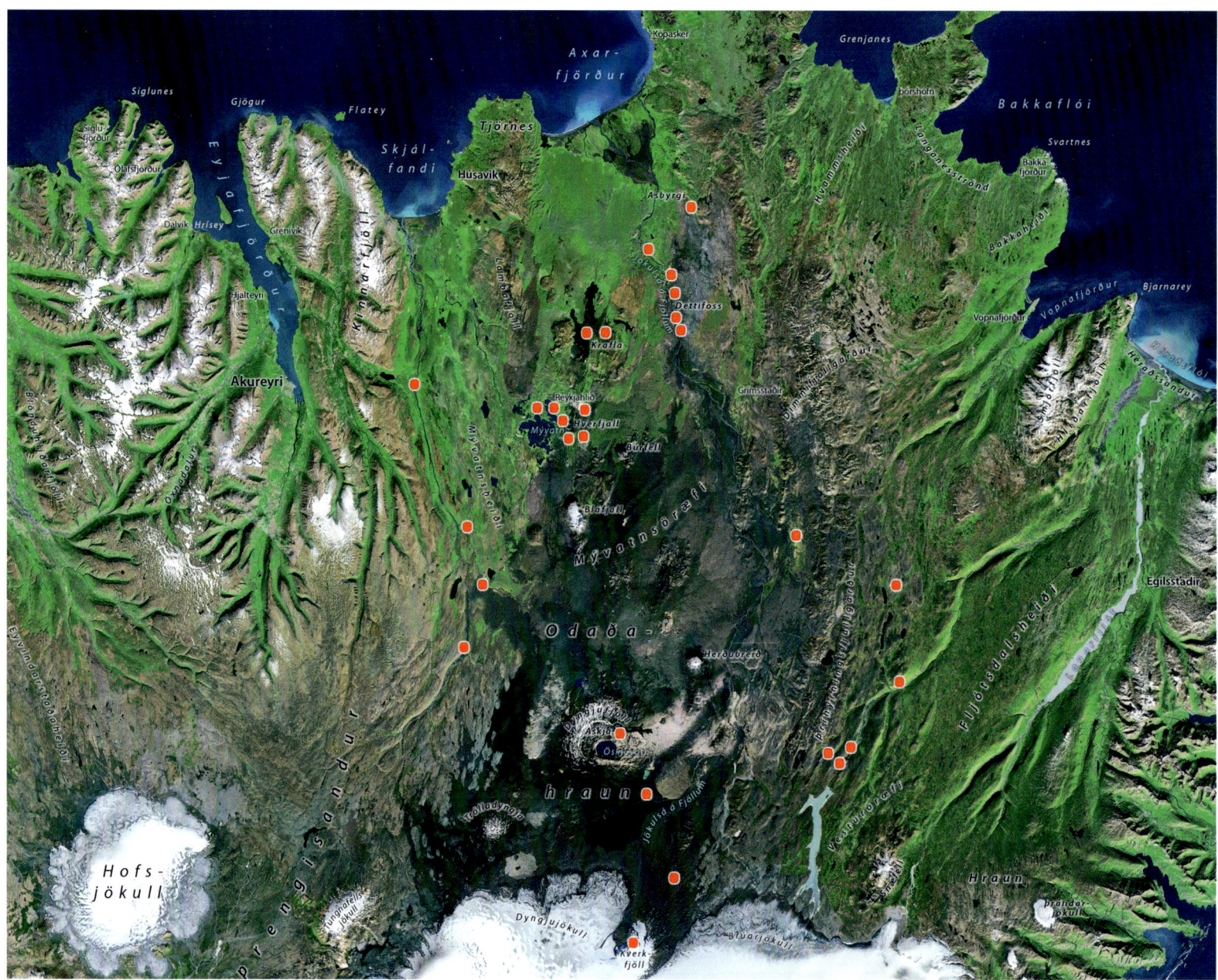

Tour 7: Mývatn – Hochland

Dieses Gebiet können Sie von Norden wie auch von Westen her erkunden.

Von **Akureyri** kommend, fahren Sie die 1 Richtung **Mývatn – Reykjahlíð.**

Der **Goðafoss** kann von beiden Seiten problemlos fotografiert werden, zu jeder Uhrzeit – im Sommer auch nachts! Im Winter bitte Vorsicht: Die Schneeverwehungen können abbrechen, nicht so nah dran gehen. (>>> Seiten 122/124)

GPS: 65°41'03.4"N 17°32'54.2"W 65.684278, -17.548389

Über die 842 kommen Sie dann Richtung F26 zum **Aldeyjarfoss** (>>> Seite 126). Entfernung: ca. 45 Kilometer. Im Nachmittagslicht kommen die Felsstrukturen am besten zur Geltung. Im Winter nur mit »Super Jeep« zu empfehlen. Vorsicht auch beim Hinuntergehen!

GPS: 65°21'58.0"N 17°20'25.5"W 65.366111, -17.340417

Es lohnt sich auch, noch ein bisschen weiterzufahren – bis zum Wasserfall **Hrafnabjargafoss.**

GPS: 65°20'21.1"N 17°20'41.7"W 65.339194, -17.344917

Auf der Rückfahrt können Sie die 843 ein Stück zurückfahren. Hier im Tal **Bárðardalur** treffen ein Gletscherauslauf **(Skjálfandafljót)** und ein See-Abfluss zusammen. Je nach Strömung entsteht hier ein zweifarbiger Fluss. Im September habe ich es geschafft, dies zu erleben (>>> Seite 128). Danach noch weiterzufahren, lohnt sich nicht!

GPS: 65°26'22.1"N 17°22'24.8"W 65.439472, -17.373556

Mývatn

Sie können um den See komplett herumfahren und fast alle 100 Meter einen Fotostopp machen. Hier meine Tipps:

Pseudokrater:

GPS: 65°34'03.4"N 17°02'09.3"W 65.567611, -17.035917

Luftbild

Wenn die Zufahrt offen ist:
    GPS: 65°33'52.8"N 16°59'36.6"W 65.564667, -16.993500

Der Flusslauf:
    GPS: 65°33'41.4"N 17°00'00.3"W 65.561500, -17.000083

Uferkante zum Sonnenuntergang:
    GPS: 65°33'56.3"N 16°56'32.9"W 65.565639, -16.942472

Kleiner See mit Baum:
    GPS: 65°34'10.4"N 16°56'39.5"W 65.569565, -16.944310

Von hier müssen Sie laufen – Privatbesitz links am See vorbei:
    GPS: 65°34'14.6"N 16°57'13.5"W 65.570722, -16.953750
    GPS: 65°34'40.9"N 16°57'31.1"W 65.578028, -16.958639

Von da aus geht es auf eine kleine Anhöhe, von der aus Sie zum Sonnenuntergang einen schönen Blick über den See bekommen:
    GPS: 65°34'47.2"N 16°57'05.2"W 65.579778, -16.951444

Im Winter ändern sich täglich die Strukturen an der Uferkante! Vor allem nach einem Sturm!

Hverfjall: Ist der wohl schönste und größte Krater. Er kann bestiegen werden und ist vor allem im Winter sehr schön (>>> Seiten 20/130).
    GPS: 65°36'45.3"N 16°52'32.1"W 65.612580, -16.875574

Dimmuborgir: In das Lavafeld lohnt es sich hineinzulaufen – dort gibt es »Elfen und Trolle«! (>>> Seite 240)
    GPS: 65°35'27.7"N 16°54'39.5"W 65.591028, -16.910972

Für Vogelfotografen ein Muss ist **Sigurgeir's Bird Museum** – auf dieser Halbinsel lebt die Vogelwelt!
    GPS: 65°37'44.5"N 16°59'42.2"W 65.629028, -16.995056

Luftbild

Hier in **Reykjahlíð** können Sie von der 1 aus Lärchen mit einem Vulkan im Hintergrund fotografieren. Am besten ist dies im Herbst und im Winter. (>>> Seite 132)

GPS: 65°38'20.9"N 16°53'12.6"W 65.639139, -16.886833

Über die 860 geht es zu den **Grjótagjá Caves** – dampfende Spalten und Grotten. Sie können hineingehen, aber Baden ist dort verboten! Links gibt es eine weitere Höhle.

GPS: 65°37'38.3"N 16°52'59.8"W 65.627306, -16.883278

Auf dem Weg zur »Blauen Lagune« am **Mývatn** sehen Sie auf der rechten Seite dampfende Berge:

GPS: 65°38'15.5"N 16°51'00.5"W 65.637639, -16.850139

Von hier geht es hoch zu dem Berg **Námafjall:**

GPS: 65°38'48.8"N 16°49'20.5"W 65.646889, -16.822361

Im Morgenlicht – und nur früh morgens zum Sonnenaufgang – bietet sich einem hier ein wunderbarer Blick auf **Hverir.** Gummistiefel sind von Vorteil!

GPS: 65°38'30.1"N 16°48'27.8"W 65.641694, -16.807722

Luftbild

Dort können Sie unter einer warmen Dusche Ihre Schuhe wieder putzen.

GPS: 65°40'50.8"N 16°46'37.0"W 65.680778, -16.776944

Weiter geht es vorbei am Kraftwerk, hoch zum **Krafla-See Viti.** Auch hier kann es sehr schlammig werden! Sie können um den See herumgehen. Oberhalb kommen auch die typischen futuristischen »Dampfkessel«!

GPS: 65°43'04.1"N 16°45'26.4"W 65.717806, -16.757333

Von hier geht es dann in ca. 20 Minuten zu Fuß zu einem weiteren Geothermalgebiet mit sehr schönen Lavastein-Strukturen: **Leirhnjúkur** 863

GPS: 65°42'48.0"N 16°46'29.6"W 65.713333, -16.774889

Weiter dann über die 1 Richtung Norden – gibt es zwei Möglichkeiten zum **Dettifoss Nationalpark** zu kommen.
Nehmen Sie die 864 (befahrbar), mit Abstand die bessere Seite. Wenn Sie vom Parkplatz aus rechts gehen, bekommen Sie einen schönen Blick in den Canyon, gehen Sie links, dann erreichen Sie den Wasserfall.

Vorsicht! Gehen Sie auch weiter flussaufwärts bis zum **Selfoss!**

GPS: 65°49'09.2"N 16°22'44.3"W 65.819222, -16.378972

Etwas weiter führt dann die 864 bis zum **Hafragilsfoss.** Kann man einfach auch gut von oben fotografieren – gegenüber gibt es meist schöne Strukturen.

GPS: 65°50'13.9"N 16°23'59.2"W 65.837194, -16.399778

Der Weg führt weiter Richtung Norden zur 85 – dann links und wieder direkt links nach **Ásbyrgi – Nationalpark.**

Im Morgenlicht bis mittags gut. Es gibt auch Wanderwege, auf denen Sie von oben fotografieren können. Im Herbst ist es am schönsten – am Ende gibt es auch einen kleinen See und sogar einen Fußballplatz, auf dem schon Open-Air-Konzerte stattgefunden haben. (>>> Seite 134)

Achtung: Wenn Sie später weiter ins Hochland Richtung Askja wollen – dann sollten Sie jetzt tanken!

Dann fahren Sie wieder zurück Richtung **Dettifoss** über die 862 nach **Hljóðaklettar – Echofelsen.** Am besten um die Mittagszeit und nicht zu spät, danach liegt alles im Schatten. (>>> Seite 136)
    GPS: 65°56'06.3"N 16°32'07.1"W 65.935083, -16.535306

Von hier führt ein Weg hinunter zum Canyon **Vígabjarg** – ca. zehn Minuten. Es lohnt sich ab Mittag bis zum frühen Nachmittag. (>>> Seite 138)
    GPS: 65°52'47.1"N 16°27'07.6"W 65.879750, -16.452111

Wenn ich auf dieser Seite vom **Dettifoss** Richtung **Selfoss** hochgehe, bekomme ich hier eine sehr gute Perspektive:
    GPS: 65°48'26.1"N 16°23'23.7"W 65.807250, -16.389917

Im Winter kann man nur mit »Super Jeeps« dorthin fahren. Auch wenn der Himmel blau ist, kann es sehr nebelig sein. Ist der Tank voll genug? Wenn nicht – zurück nach Mývatn!
Weiter auf der 1 links Richtung **Egilsstaðir,** geht es anschließend rechts auf die F88 > F910 Richtung **Askja Nationalpark.**
    GPS: 65°02'52.6"N 16°43'08.3"W 65.047935, -16.718982

Luftbild

Es kann sein, dass die Flüsse, die Sie durchfahren müssen, nach starkem Regenfall Hochwasser haben. Auch über die F905 – beide Wege führen zur Askja nur mit Wasserfahrten!
Wenn die Zufahrt F894 zur Askja zwar geöffnet, aber noch nicht bis zum letzten Parkplatz geräumt ist, muss man ca. sechs Kilometer laufen. Ansonsten zweieinhalb Kilometer!

Tipp: Am besten spätnachmittags, wenn die »Völkerwanderung« nachlässt. Im Sommer können Sie sogar die Nacht dort verbringen – einzigartig. (>>> Seite 140)

Vom Camp geht es dann weiter über die `910` zum erloschenen **Bárðarbunga:**

GPS: 64°56'12.1"N 16°33'50.9"W 64.936705, -16.564148

Sehr sandig – das letzte Stück zur Lavakante am Flussbett ist nicht unbedingt befahrbar. Kommt am besten im Nachmittagslicht. (>>> Seite 142)

Über die `F 902` oder `F 903` – an sich die schönste Hochlandstraße – kommt man zur Bergkette **Kverkfjöll.** Sehr schöne Vulkanlandschaften – und tückische Wasserfahrten! Das einzigartige Geothermalgebiet im Eis ist nur über den Gletscher zu erreichen. Ca. 700 Höhenmeter sind nur mit Guide zu empfehlen und das geht nur zur Hochsaison im Sommer – ab dem **Camp Sigurðarskáli.** Ansonsten mit dem Helikopter! www.volcanoheli.is

GPS: 64°44'01.1"N 16°40'00.4"W 64.733639, -16.666778

Zurück über die `F 905` geht es nach **Möðrudalur** an der `901` – dem höchstgelegenen Bauernhof mit Islands schönster Tankstelle und handzahmen Polarfüchsen! Ausgangspunkt für Hochlandfahrten und Helikopterflüge.

GPS: 65°22'26.6"N 15°52'59.7"W 65.374044, -15.883252

Vom Bauernhof zurück auf der `901`, vorbei an der `905`, haben Sie einen schönen Blick auf viele kleine Seen. (>>> Seite 144)

GPS: 65°17'48.6"N 15°28'53.0"W 65.296833, -15.481389

Dann geht es rechts die 907 weiter Richtung **Sænautasel:**
  GPS: 65°17'40.4"N 15°28'21.5"W 65.294564, -15.472649

Hier geht es rechts weiter Richtung 910 :
  GPS: 65°07'54.9"N 15°33'03.2"W 65.131927, -15.550894

Hier dann wieder links abbiegen:
  GPS: 65°07'48.3"N 15°35'44.3"W 65.130083, -15.595639

Dann die 910 links bis **Hallarfjall:** (>>> Seite 146)
  GPS: 65°00'52.3"N 15°42'16.4"W 65.014528, -15.704556

Anschließend geht es links runter zum **Canyon Hafrahvammagl-júfur Jökla** – einzigartig!
  GPS: 64°59'23.4"N 15°46'19.4"W 64.989833, -15.772056

Danach rechts Richtung **Laugavalladalur** – einem kleinen, aber warmen Wasserfall. Im Morgenlicht – Natur pur!
  GPS: 65°00'21.4"N 15°45'40.4"W 65.005944, -15.761222

Zurück geht es dann rechts weiter zum Staudamm. Hier ist oberhalb der Metallkreis im Boden fotogen.

Dann fährt man die 910 nach **Egilsstaðir** oder links die F923 Richtung Eiríksstaðir – zu Sonja mit ihren sehr schönen Pferden und einer eigenen Kapelle am Flusslauf.
(Richten Sie liebe Grüße von mir aus!) (>>> Seite 148)
  GPS: 65°07'27.5"N 15°25'52.0"W 65.124306, -15.431111

Die 923 führt wieder zur 1 zurück – **Hier gibt es dann die nächste Tankstelle!**

Luftbild

Tiere – Island ist mehr als eine Vogelinsel

Island ist eine der vielseitigsten Vogelinseln Europas. Alle Tierarten zu beschreiben, würde dieses Buch sprengen.

Puffins – Papageientaucher: Sie sind etwa von April bis Mitte August auf der Insel. Während der Brutzeit vom 1. Mai bis 25. Juni sind viele Gebiete gesperrt.

Hotspots der Puffins sind:
Látrabjarg:
    GPS: 65°30'01.0"N 24°31'37.0"W 65.500278, -24.526944
Borgarfjarðarhöfn:
    GPS: 65°32'30.7"N 13°45'16.1"W 65.541861, -13.754472
Grímsey, Puffin-Insel:
    GPS: 66°31'40.9"N 17°58'56.1"W 66.528028, -17.982250
Vík:
    GPS: 63°24'10.7"N 19°07'52.9"W 63.402979, -19.131357
    GPS: 63°24'09.5"N 19°02'30.6"W 63.402643, -19.041833

Die **Küstenseeschwalbe Kría** ist von Anfang Mai bis Anfang September auf der Insel.

Hotspots der Kriás sind:
Arnarstapi:
    GPS: 64°46'09.9"N 23°37'37.7"W 64.769417, -23.627139
Vík:
    GPS: 63°24'58.9"N 19°00'14.9"W 63.416361, -19.004139
Jökulsárlón – auch auf den Eisschollen:
    GPS: 64°02'54.2"N 16°10'34.4"W 64.048389, -16.176222
Býjarsker: Vogelsschutzgebiet – auch die Eiderente lebt dort:
    GPS: 64°00'37.4"N 22°42'09.8"W 64.010389, -22.702722

Singschwäne finden Sie überall auf der Insel. Ein Muss – Mitte September ist der Sammelplatz an der Küste.
    GPS: 64°24'44.6"N 14°39'07.6"W 64.412389, -14.652111

Basstölpel sieht man am besten auf dem Vogelfels:
    GPS: 66°30'34.5"N 16°32'26.5"W 66.509585, -16.540699
    GPS: 66°23'09.1"N 14°51'13.0"W 66.385861, -14.853611

Auf der ganzen Insel gibt es weit mehr Vogelarten und weitere Tierarten – wachsam sein!

Polarfüchse im Winter:
    GPS: 63°41'27.0"N 19°32'29.3"W 63.690833, -19.541472
Polarfüchse im Sommer:
    GPS: 65°22'26.6"N 15°52'59.7"W 65.374044, -15.883252

Rentiere: Sie leben im Hochland / an der Ostküste.

Robben finden Sie auf Island fast das ganze Jahr. Ein Hotspot ist der Jökulsárlón-Gletschersee:
    GPS: 64°02'47.1"N 16°11'00.2"W 64.046417, -16.183389

Veranstaltungen

Island bietet weit mehr als seine Natur – auch viele Veranstaltungen lohnen den Besuch.

Für Motorsportbegeisterte gibt es fast jedes Wochenende irgendwo auf der Insel große Veranstaltungen.
www.akis.is/Autocross – **Torfæra**

Für Musikbegeisterte gibt es beinahe in jedem Dorf einen Chor – Ohren auf, immer wieder singen Chöre. In der **Hallgrimskirkja** in **Reykjavík** singt einer der besten Chöre der Welt!

Architektonisch und musikalisch interessant ist die **Harpa** in **Reykjavík.**

Kleine Musikfestivals gibt es fast jedes Wochenende irgendwo auf der Insel. Es gibt auf keiner Veranstaltung »Bierbuden«, ebenso wie zu Weihnachten keine Glühweinstände (Stand 2017)!

Nähere Infos, wann und wo ein Dorf- bzw. Stadtfest stattfindet, gibt es unter www.samband.is/vidburdir/baejarhatidir/ bzw. www.ljosanott.is!
Islands bekanntestes Festival ist das **Secret Solstice Festival.**
www.secretsolstice.is

Am Donnerstag um den 20. April beginnt der Sommer auf Island. Es ist ein Feiertag – das Frühjahr wird übersprungen!

Zu Pfingsten gibt es das Pferdewaschen im Meer – in **Stokkseyri.**

Im Sommer finden immer wieder Straßen- oder Hafenfeste statt. Sie erkennen sie daran, dass die Straßen und Häuser farbig dekoriert werden.

Am 17. Juni ist Nationalfeiertag – und der wird überall auf der Insel gefeiert – am größten natürlich in **Reykjavík.**

Zur Sommersonnenwende am 20. Juni gibt es fast überall Mitternachtsfeuer.

Dalvík feiert im August den großen Fischtag – und ist dabei sehr gastfreundlich.

Der erste Montag im August ist der »freie Tag der Handelsleute«, und an diesem verlängerten Wochenende wird überall kräftig gefeiert.

Am ersten Wochenende im August findet das große Schlammfußball-Turnier statt – in **Ísafjörður.**

Am Wochenende um den 19. August wird der Geburtstag von **Reykjavík** mit einem großen Feuerwerk am Hafen gefeiert. Ein großes Feuerwerk gibt es auch am **Jökulsárlón-See.**

Anfang September findet das Lichterfest **Ljósanóttin** in **Keflavík** statt.

Zur Weihnachtszeit werden die Häuser sowie auch die Friedhöfe mit bunten Lichtern erleuchtet.

Zu Weihnachten gibt es 13 Weihnachtsmänner, die um den 6. Januar in einem traditionellen Umzug durch die Städte ziehen.

Island bietet außerdem sehr viel Kunst! Überall begegnet man Skulpturen wie auch Graffiti.

Und immer wieder gibt es Kunstausstellungen. Schauen Sie in die aktuellen Veranstaltungshinweise.

Kreative Fotografie

Grundsätzlich kann und sollte sich jeder sein eigenes Bild machen, seine eigene Bildsprache entwickeln und seine eigene Kreativität umsetzen.

Es gibt verschiedene Techniken ohne Photoshop … nutzen Sie Ihren Apparat als »Pinsel«:

Wischtechnik

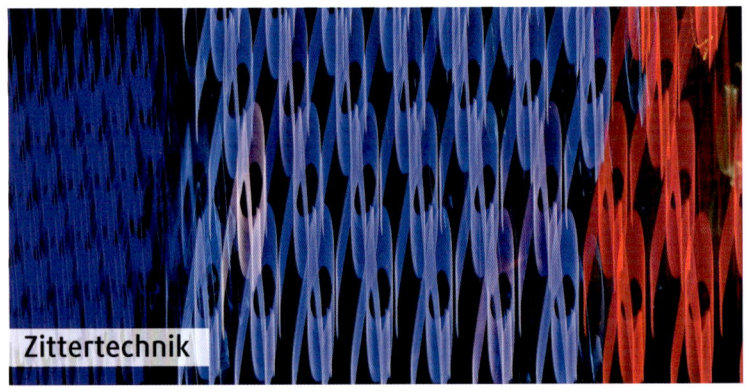

Zittertechnik

Doppelbelichtung

Wischtechnik

Malen mit Licht – Taschenlampe

Malen mit Licht – Stahlwolle

Malen mit Licht – Stahlwolle

Zoomtechnik

Drehtechnik

Nutzen Sie die langen »Wartezeiten« (Wetter) für Ihre eigene kreative Fotografie! Übung macht den Meister. Viel Spaß und Erfolg!

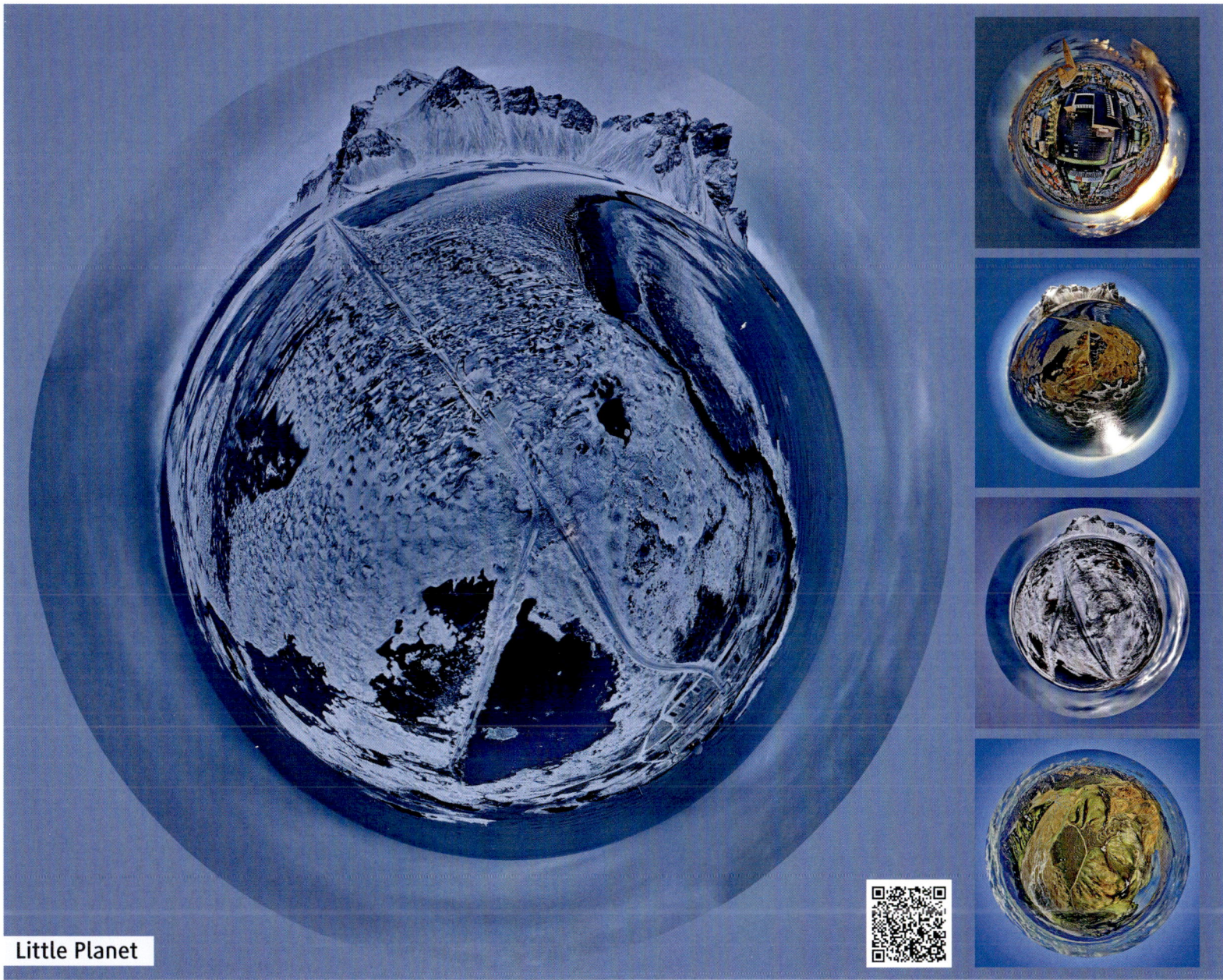

Little Planet

233

Schlusswort

Nehmen Sie sich Zeit für diese Insel und bereisen Sie sie nicht im Fünfminutentakt, das wäre eine Beleidigung für die einzigartige Natur. Ich möchte Sie einladen, sich zu setzen, sich Zeit zu nehmen, um diese einzigartige Natur wahrzunehmen und zu spüren. Ich hoffe, Sie können mit meinem Multimediabuch mehr Zeit gewinnen für diese einzigartige Insel im Norden. Für mich ist Island Künstlerin und Schöpferin meiner Bilder.

(Takk, takk, takk – Danke)

Ich freue mich, wenn ich Ihnen mit meinem Wissen Island näher gebracht habe und freue mich, wenn Ihnen durch meine Tipps gute Bilder gelingen. Erwarten Sie nicht, Island in vier Wochen komplett zu erleben. Ich habe nach 18 Monaten nicht alles final fotografiert und werde somit immer wieder nach Island reisen. Wer einmal nach Island kommt, kommt immer wieder! Vielleicht trifft man sich ja mal.

Ihr Jürgen Maria Waffenschmidt

Persönlicher Kontakt: jmw@neuartig.eu

Nimm Dir Zeit

... zu lieben, das ist das Wichtigste im Leben

... zu lachen, das ist die Musik der Seele

... für die Geschichte der Erde

... für die Energie der Natur

... für den Fluss des Lebens

... Gefahren zu erkennen

... freundlich zu sein, das ist der Weg zum Glücklichsein

... für den Frieden in der Welt - und in Dir

... für Dein eigenes Spiegelbild

... für magische Momente

... für letzte Worte

... für Dich

... zu spielen, das ist das Geheimnis der Jugend

... Dich von den Turbulenzen des Alltags zu erholen

Produktion – Bilderwerb – Multivisonsshow

EinzigArtige Bilder für Ihr Zuhause und/oder Unternehmen! Direkt vom Fotograf und Künstler Jürgen Maria Waffenschmidt.

Ich fertige meine Bilder in Ihrer Wunschgröße auf dem von Ihnen bevorzugten Material.

Mit einem Klick auf meine Homepage www.klickphoto.de finden Sie unzählige Fotos – aus vielen Themenbereichen.

Island ist einzigArtig und wird neuArtig präsentiert von Jürgen Maria Waffenschmidt

Das Buch live erleben in meiner zweistündigen Multivisionsshow – hautnah und aus der Vogelperspektive

Infos und Termine

239

Island – Heimat der Trolle und Elfen: GPS: 63°56'58.8"N 17°36'20.3"W